新 視 野
中華經典文庫

新 視 野
中華經典文庫

心經 金剛經

名譽主編 饒宗頤
導讀及譯注 淨因法師

中華書局

新視野中華經典文庫

心經 金剛經

□

導讀／譯注

淨因法師

□

出版

中華書局（香港）有限公司

香港北角英皇道 499 號北角工業大廈一樓 B
電話：(852) 2137 2338　傳真：(852) 2713 8202
電子郵件：info@chunghwabook.com.hk
網址：http://www.chunghwabook.com.hk

□

發行

香港聯合書刊物流有限公司

香港新界大埔汀麗路 36 號
中華商務印刷大廈 3 字樓
電話：(852) 2150 2100　傳真：(852) 2407 3062
電子郵件：info@suplogistics.com.hk

□

印刷

深圳中華商務安全印務股份有限公司

深圳市龍崗區平湖鎮萬福工業區

□

版次

2013 年 4 月初版

2020 年 7 月第5次印刷

© 2013 2020 中華書局（香港）有限公司

□

規格

大 32 開（205 mm × 143 mm）

□

ISBN：978-988-8181-50-6

出版說明

為甚麼要閱讀經典？道理其實很簡單——經典正正是人類智慧的源泉、心靈的故鄉。也正是因此，在社會快速發展、急劇轉型，因而也容易令人躁動不安的年代，人們也就更需要接近經典、閱讀經典、品味經典。

邁入二十一世紀，隨着中國在世界上的地位不斷提高，影響不斷擴大，國際社會也越來越關注中國，並希望更多地了解中國、了解中國文化。另外，受全球化浪潮的衝擊，各國、各地區、各民族之間文化的交流、碰撞、融和，也都會空前地引人注目，這其中，中國文化無疑扮演着十分重要的角色。相應地，對於中國經典的閱讀自然也就有不斷擴大的潛在市場，值得重視及開發。

於是也就有了這套立足港臺、面向海外的「新視野中華經典文庫」的編寫與出版。希望通過本文庫的出版，繼續搭建古代經典與現代生活的橋樑，引領讀者摩挲經典，感受經典的魅力，進而提升自身品位，塑造美好人生。

本文庫收錄中國歷代經典名著近六十種，涵蓋哲學、文學、歷史、醫學、宗教等各個領域。編寫原則大致如下：

（一）精選原則。所選著作一定是相關領域最有影響、最具代表性、最值得閱讀的經典作品，包括中國第一部哲學元典、被尊為「群經之首」的《**周易**》，儒家代表作《**論語**》、《**孟子**》，道家代表作《**老子**》、《**莊子**》，最早、最有代表性的兵書《**孫子兵法**》，最早、最系統完整的醫學典籍《**黃帝內經**》，大乘佛教和禪宗最重要的經典《**金剛經**》、《**心經**》、《**六祖壇經**》，中國第一部詩歌總集《**詩經**》，第一部紀傳體通史《**史記**》，第一部編年體通史《**資治通鑒**》，中國最古老的地理學著作《**山海經**》，中國古代最著名的遊記《**徐霞客遊記**》，等等，每一部都是了解中國思想文化不可不知、不可不讀的經典名著。而對於篇幅較大、內容較多的作品，則會精選其中最值得閱讀的篇章。使每一本都能保持適中的篇幅、適中的定價，讓普羅大眾都能買得起、讀得起。

（二）尤重導讀的功能。導讀包括對每一部經典的總體導讀、對所選篇章的分篇（節）導讀，以及對名段、金句的賞析與點評。導讀除介紹相關作品的作者、主要內容等基本情況外，尤強調取用廣闊的「新視野」，將這些經典放在全球範圍內、結合當下社會生活，深入挖掘其內容與思想的普世價值，及對現代社會、現實生活的深刻啟示與借鑒意義。通過這些富有新意的解讀與賞析，真正拉近古代經典與當代社會和當下生活的距離。

（三）通俗易讀的原則。簡明的注釋，直白的譯文，加上深入淺出的導讀與賞析，希望幫助更多的普通讀者讀懂經典，讀懂古人的思想，並能引發更多的思考，獲取更多的知識及更多的生活啟示。

（四）方便實用的原則。關注當下、貼近現實的導讀與賞析，相信有助於讀者「古為今用」、自我提升；卷尾附錄「名句索引」，更有助讀者檢索、重溫及隨時引用。

（五）立體互動，無限延伸。配合文庫的出版，開設專題網站，增加朗讀功能，將文庫進一步延展為有聲讀物，同時增強讀者、作者、出版者之間不受時空限制的自由隨性的交流互動，在使經典閱讀更具立體感、時代感之餘，亦能通過讀編互動，推動經典閱讀的深化與提升。

這些原則可以說都是從讀者的角度考慮並努力貫徹的，希望這一良苦用心最終亦能夠得到讀者的認可、進而達致經典普及的目的。

「弘揚中華文化」是中華書局的創局宗旨，二〇一二年又正值創局一百週年，「承百年基業，傳中華文明」，本局理當更加有所作為。本文庫的出版，既是對百年華誕的紀念與獻禮，也是在弘揚華夏文明之路上「傳承與開創」的標誌之一。

需要特別提到的是，國學大師饒宗頤先生慨然應允擔任本套文庫的名譽主編，除表明先生對本局出版工作的一貫支持外，更顯示先生對倡導經典閱讀、關心文化傳承的一片至誠。在此，我們要向饒公表示由衷的敬佩及誠摯的感謝。

倡導經典閱讀，普及經典文化，永遠都有做不完的工作。期待本文庫的出版，能夠帶給讀者不一樣的感覺。

中華書局編輯部

二〇一二年六月

目錄

心經

金剛經

附錄

心經

《心經》導讀

淨因法師

《心經》的全稱是《般若波羅蜜多心經》，簡稱《般若心經》，全篇以二百六十字簡明地概括了大乘般若經的核心內容，高度濃縮了大乘般若思想的精華與心要，含攝了佛陀「空」觀智慧的精髓，所以被稱為《心經》，是篇幅最小、內涵最豐富、意蘊最深、流傳最廣、被人持誦講解最多的大乘經典，更被儒、釋、道三教共尊為寶典，對宗教、社會大眾乃至中國文化影響至深。在宗教修持方面，《心經》是佛門弟子每天必誦的功課之一，可見該經對學佛者的重要性與影響；在當今文化藝術領域，《心經》被一字不動地譜成流行歌曲，空靈聖潔的天籟之音，傳入千家萬戶，成為港澳台最具吸引力的流行歌曲之一，可見該經在現代社會中仍然具有巨大的影響；在書法藝術方面，東晉王羲之、唐歐陽詢和張旭、宋蘇東坡、元趙孟頫、明董其昌、清劉墉和乾隆、民國的弘一和于右任、現代趙樸初和饒宗頤等無數書法名家皆選擇《心經》進行書法創作，留下墨寶，可見《心經》在歷代文人雅士心中的份量；在古典文獻探究方面，錢鍾書先生把《心經》看成是佛經中第一要經，是每位傳統文化愛好者必讀的經典。

（一）《心經》的版本與注疏

自三國以來，《心經》先後共有二十多個譯本，其中最具代表性的十八種譯本收集在方廣錩先生所編的《般若心經譯注集成》中，而保存在《大正新修大藏經》中的譯本有七個（見表一）。其中以唐代玄奘三藏的譯本流傳最廣，為本導讀所採用。

表一：《大正藏》中《心經》的七個譯本

經名	譯者
《摩訶般若波羅蜜大明咒經》	姚秦·鳩摩羅什
《般若波羅蜜多心經》	唐·玄奘
《普遍智藏般若波羅蜜多心經》	唐·摩竭提三藏法月

《般若波羅蜜多心經》	唐．般若共利言等
《般若波羅蜜多心經》	唐．智慧輪
《佛說聖佛母般若波羅蜜多經》	宋．施護
《般若波羅蜜多心經》（敦煌石室本）	法成

另外《心經》還有梵文、藏文、蒙古文、滿文、西夏文、英文、德文和日文等譯本存世。至於本經注疏，自古以來更是多達百餘家，流行至今的仍超過八十種，收集在《卍續藏》中的注疏也多達五十九種，現代許多大德、學者都講過《心經》，其魅力與日俱增，是當今中國人不可不讀的一部安心寶典。

（二）《心經》的基本內容

自古以來，《心經》被人們看成是最難懂的佛典之一，經中佛陀所講的「空」觀智慧，更是抽象而深奧，難解難信。《心經》從人空、法空、空無所得、空而不空四方面闡釋般若「空」慧，引導人們悟入空、有不二的中道實相，從根本上破除人們的一切執著，以安眾人之心。

1　人空

在《心經》中，佛陀運用分析法，從如下四方面引導人們了知「無我」的道理，了知生命的本質。（1）「觀自在菩薩，行深般若波羅蜜多時，照見五蘊皆空，度一切苦厄。」佛陀在《心經》一開始便明確告誡人們，人生的一切苦厄皆源自「我執」。佛陀運用五蘊（五蘊是指構成我們身心的五種要素——色、受、想、行、識）皆空的理論，對生命當下的存在進行理性的觀察和分析後，得知人是由物質現象（色）和精神現象（受、想、行、識）組合而成，是眾緣假合之身，根本無法找出一個永恆不變的「我」，因而我即是空，以此來破除我執，達到解除眾生苦難的目的。（2）佛陀運用十二處、十八界（眼、耳、鼻、舌、身、意為六根，色、聲、香、味、觸、法為六塵，眼識、耳識、鼻識、舌識、身識、意識為六識。六根和六塵為十二處，六根、六塵和六識為十八界）的教義，從人們認識世界的過程來分析生命的現象：只有當被認知對象（外部世界，統稱六塵）與知覺器官（統稱六根）和認知能力（意識，統稱六識）三者相接觸時，人類認識事物的過程才能完成。換而言之，從認知的主體——人，乃至被認知的對象——宇宙萬有，都是由種種元素和合而成，沒有一件事物是固定不變的，包括人本身，故說無我。（3）佛陀接着運用十二因緣（無明、行、識、名色、六入、觸、受、愛、取、有、生、老死）的教義，從生命現象的延續性來分析人生的本質。人生苦難的根源是過去世的業力（無明、行），引發現世的苦果（識、名色、六入、觸、受）；而現在的所作所為（愛、取、有），又是產生未來苦果的因（生、老死）。人生就是在這種因果循環中使得生命得以延續，故說「無我」。（4）最後，佛陀通過對四聖諦（苦、集、滅、道）的分析，從因果關係來分析人生痛苦之因是貪、嗔、痴等不健康的思維，而人生成功幸福之因是一個人的正確行為、清淨語言、健康思維和正確的生活方式，無須依靠超自然的力量。換而言之，生命不是一個永恆不變的實體，而是如同奔流不息的河流，在因果循環規律之下無限延續，故說無我。這是《心經》中悟空的第一層含意。

2 法空

為了幫助人們除去「我執」，獲得無我時「看透放下」的人生，佛陀講解了各種各樣的法門（如五蘊、十二處、十八界、十二因緣和四聖諦等），義理精妙，極為有效。不少人在去除我執之後，又執著於佛陀所說的法為實有，是放之於四海而皆準的真理。這又成了另一種執著——法執，擾亂了人們的心智，佛教稱之為「所知障」，同樣是煩惱的根源。《心經》以一個「無」字提醒人們，破除我執時所運用的種種法門，如同幫助人渡河的木筏，我執一旦去除，人們由煩惱的此岸抵達解脫的彼岸，就不應再執著於所使用的法（見表二），如此才能真正達到無牽無掛的境界。破除對理論、觀點和見解的法執，這是《心經》中悟空的第二層含意。

表二：破除法執

《心經》相關經文	所破除的法執	破我執的特色
（1）是故空中無色，無受想行識	（1）「五蘊」空	從生命當下存在的組合來分析人的存在
（2）無眼耳鼻舌身意，無色聲香味觸法 （3）無眼界，乃至無意識界	（2）「十二處」空 （3）「十八界」空	從人們認識世界的過程來分析生命的現象
（4）無無明，亦無無明盡，乃至無老死，亦無老死盡	（4）「十二因緣」空	從生命現象的延續性來分析人的存在
（5）無苦集滅道	（5）「四諦」空	從因果關係來分析生命苦樂的現象

3 空無所得

一位年青人問禪師：「甚麼是中道實相？」禪師要求他把眼睛蒙起來，行走在一條小道上，道路兩邊都是水溝。當禪師看到這位年青人偏離正道，快要掉進左邊的水溝時，及時提醒這位年青人：「向右。」一會兒這位年青人又偏離正道，快要掉進右邊的水溝時，禪師及時地提醒他：「向左。」老禪師就這樣一會兒教他向左，一兒會教他向右⋯⋯最後這位年青人終於不耐煩地問：「你到底要我向左，還是向右行？」老禪師笑呵呵地說：「向左向右並不重要，最重要的是我要你回到正道上來。」年青人恍然大悟，明白了甚麼是真正的中道實相。

《中觀》說：「大乘說空法，為離諸見故，若復見於空，諸佛所不化。」眾生執「有」時，佛陀說「空」；眾生執「空」時，佛陀說「有」。「空」和「有」皆是除病的藥方，藥到病除後，則應捨藥方；同理，般若智慧如同治病的藥方，根治「空」、「有」等概念名相的執著，尤其是執著「空」為實有（即空見），一旦能進入「空也空」的境界，邪見已除，般若智慧便完成其任務，理應放下，故說「無智」。更重要的是，所謂阿羅漢、菩薩等果位僅僅是悟空的過程，如同我們接受教育時所得的不同文憑，看似有所得，其實僅僅是一個人修道過程中智慧開發到某一程度的方便說詞，並沒有一個真實的阿羅漢、菩薩果供我們去獲得，故說「無得」。去掉得失心，才能真正心無罣礙。連空的概念也應空去，「空無所得」，是《心經》中悟空的第三層含意。

4　空而不空

一提起「空」，人們自然聯想起「零」，即「甚麼也沒有」。然而，如果我們在100後加一個「0」，那麼加上的這個「0」就代表900。顯然，「零」並不一定代表甚麼都沒有。有趣的是，這個「零」字的印度原文就是「空」字，「空」就是「零」。古人也曾說過，「萬物生於有，有生於無，無就是零。」換而言之，「空」並不一定是「有」的對立面，更不是一無所有。《心經》最後一部分所闡述的是如何做到理論與實踐相結合，知行合一，體悟「空」觀智慧的妙用，將之運用到現實人生中，以因緣變化的觀點看待人、事、物，就能克服、超越一切苦惱和困厄，達到「心無罣礙」的最高精神境界，安心而自在地普度眾生，這是《心經》中悟空的第四層含意。

《心經》層層深入，徹底破除「我執」、「法執」、「空執」，悟入「空有不二」的中道實相，以般若智慧看「空」自我、宇宙萬有，擺脫束縛身心靈的一切執著與束縛，獲得徹底的精神解脫，達到「治心」的目的，「無所住而生其心」，「心無罣礙」地服務大眾，這是《心經》的核心內容。

（三）《心經》的現代意義與普世價值

《西遊記》中的唐僧，西行取經路上，步步有災，處處有難，性命危在旦夕，幸得神通廣大的孫悟空保護，歷時十七年，經過九九八十一難，終於從佛祖的家鄉——天竺，取得真經。人們公認孫悟空是一個神通廣大的精靈，因有七十二種變化和一個筋斗能飛十萬八千里的本領，上天堂、入地獄，來去自如，手持如意金箍棒，配上一雙火眼金睛，除妖懲惡，隨心所欲，無所不能。那麼，孫悟空的「法力」來自何處？答案就在他的名字「悟空」中。宋代禪宗大師青原行思以參禪的三重境界來闡釋悟空的三個層面：（1）參禪之初，看山是山，看水是水；（2）禪有悟時，看山不是山，看水不是水；（3）大徹大悟時，看山仍然是山，看水仍然是水。山水依然，但隨悟道者「有我」、「無我」和「忘我」之深入，對客觀世界的認識也隨之而改變，最終獲得心無罣礙的人生。

「有我」時「患得患失」的人生

《西遊記》的靈魂人物孫悟空因神通廣大而心高氣傲，自我無限膨脹，一鬧龍宮，二鬧地府，三鬧天宮，最終被如來佛祖壓在五行山下五百多年。《心經》指出，修行之前，世人和孫悟空一樣，誤以為「我」為實有，世間的名、利、美貌等都是真實不虛的，「看山是山，看水是水」，處處執著；有執著，便有罣礙；有罣礙，便會患得患失，不安、恐怖之心隨之而起：放不下對自己不公平的人和事，憎恨心生起，使人活在不平、痛苦與挫折感中；放不下自己的失誤、失敗，悔恨心生起，令人活在陰影中；放不下自己的成功與榮耀，貢高我慢之心冒起，使人在自滿中逐漸衰退；放不下自己喜愛的東西，貪愛之心生起，於是便想方設法，甚至不擇手段、損人利己、爾虞我詐去得到或保衛自己喜歡的東西，從而引起家庭、公司、社會間的種種糾紛與衝突，使得人間到處充滿險惡、紛爭和不平，使得身處其中的人煩惱重重、痛苦不堪；放不下自己的意見、觀點、主張和理論，固執己見之心生起，讓那些居心叵測之徒有機可乘，以各種藉口挑起爭端，使無數無辜的生命受到傷害！這些苦難，正是《心經》所要解決的問題，即「度一切苦厄」。

「無我」時「看透放下」的人生

在一般人看來，《西遊記》中的唐僧是位標準的無用好人，但他有一樣本領，只要念觀音菩薩密授的緊箍咒，神通廣大的孫悟空便隨聲倒地，頭痛欲裂，不得不跪地求饒。「緊箍咒」為何有如此大的威力？它的內容到底是甚麼？據史料記載，一天玄奘法師在取經途中，看到一個身患傳染病的老者，長了一身癩，正在呻吟，他停下來照顧這位病人。病人為了感謝他，就送他一本梵文的《心經》。從此之後，玄奘大師路上一遇到困難，就念《心經》，一路消災免難。由此我們不難推斷，緊箍咒的內容其實就是《心經》的核心要義——悟空。

《金剛經》云：「一切有為法，如夢幻泡影，如露亦如電，應作如是觀。」這首偈語告訴人們，人生如夢，苦樂如泡影，成敗如朝露，榮華富貴如浮雲，名利如鏡花水月，宇宙間萬事萬物瞬息變幻，無時無刻不在改化。若能領悟到一切萬法的本質都是空無自性，執無可執，看自我、苦樂、名利、美色時便能達到「看山不是山，看水不是水」的境界，獲得破透放下、瀟灑自在的人生。

忘我時「心無罣礙」的人生

《心經》以「空」來破除人們對自我、身外之物和各種理論的執著，然而佛陀說「空」之本意，不是否定宇宙萬有的存在，不是「虛無主義」，而是為了破除人們的執著。換而言之，「忘我」不是否定自我的存在，而是領悟自、他不二的關係，就能擺正自己與他人之間的關係。如同把自己看成是一塊鹽，放入水中後，「鹽」不是沒有了，而是融於水中；同理，一個人若能將自己融於大眾，便能領悟自、他不二之妙用，泯除人我的對立。如此人們便不再執著於是非人我，不再執著於自己的觀點、見解，超越相對、相待、差別相，入不二法門，以隨緣的心態去做有益之事，山依然是山，水依然是水，只是山水的形色早已了然於心。

觀自在菩薩，行深[1]般若波羅蜜多[2]時，照見五蘊皆空[3]，度一切苦厄[4]。

注釋

1 行深：「行」有深有淺，由淺入深，「行」到「深」時才能「照見」。

2 般若波羅蜜多（prajñāpāramitā）：智慧之船可將苦惱眾生由生死之此岸度到涅槃之彼岸。

3 照見五蘊皆空：這是修行般若空慧到彼岸的內容，是般若智慧的核心。蘊——舊譯為「陰」，新譯為「蘊」，義為「堆積」，即任何事物都是種種條件的「集合體」，可以分解。五蘊是色（物質元素）、受（領納、感受）、想（印象、概念）、行（思維、意志、意向、造作）、識（了別、意識）。構成世間萬有的所有物質和精神元素總稱為「五蘊」。

4 度一切苦厄：這是說「到彼岸」的內容。苦——心中的苦惱；厄——身外的災難。

譯文

觀自在菩薩（即觀世音菩薩）修行進入甚深禪定狀態時，以般若妙慧「觀照」五蘊組合之身，當下就洞悉：「空無自性」是宇宙人生的真相。這就從根本上剷除了「我執」這一造業受苦的根源，因而得以化解生命中的一切痛苦與災難。

賞析與點評

佛陀以觀世音菩薩修「五蘊皆空」成功的案例示範大眾，以「空」慧之心觀照人生、宇宙萬有，破除我執，遇事隨緣，便能除一切苦，得大自在。以此說明領悟般若智慧並非人們想像的那麼遙不可及，為人們生起學習、修行「空」觀智慧增添無比的信心和無窮的力量，安心修習此法門。本段因而成為《心經》的總綱。「照見五蘊皆空」是《心經》悟空的第一層含意。

舍利子[1]！色不異空[2]，空不異色。

注釋

1 舍利子：即舍利弗。在佛陀十大弟子中，智慧第一。

2 色不異空：色——色蘊，其概念大致相當於哲學中的「物質」一詞；異——不一樣、離；空——物質的本質屬性，具有無常、暫時、相對等含意，特指因緣所生法，無自性，即是「空」。

譯文

舍利弗呀！宇宙間一切事物本身已蘊藏着無常變化的空性，「空性」也是通過對事物存在的否定來實現的。

賞析與點評

上文以「五蘊皆空」的理論來破除「我執」，得「人空」。若討論止於此，容易落入「空」的邊見，佛家稱「玩空」，也就是現代人所講的「虛無主義」。所以《心經》緊接着以空觀物，對五蘊的第一蘊——「色蘊」作深入的觀察，幫助人們辨別「有」與「空」之間的辯證關係，得空、有不二的中道實相，領悟空而不空之理，這是《心經》中悟空的第四層含意。

黑白無常，無人不知，但真正理解其深意者，少之又少。其實，「黑」代表夜晚，而「白」代表白天，其意為人的生命在一天間。也許你覺得太短，古人「人生如朝露」則更短，西方人所說的「人不能兩次踏進同一條河流」又短了許多，而佛陀的無常觀則是生命最短的描述：生命在呼吸間。在佛教看來，緣生緣滅的萬物，如同川流不息的河水一樣，瞬息萬變，一切都在變化之中。任何物質現象都是生生滅滅，並沒有永恆不變的本體（自性）。無自性故空，故說「色不異空」。這要求我們在物質現象存在的當下，洞見到空的本質。從另一方面來講，空在哪？空並不是離開物質現象而另外有一個獨立存在的「空」，故我們不能離「色」去找「空」。空的本質，就存在於千變萬化的物質現象之中，而不是獨立存在於物質之外，所以說「空不異色」。

色即是空，空即是色。

譯文

緣起的假有本身就意味着當體即空，真空即是妙有（色）。

賞析與點評

物理學告訴我們，物質是由基本粒子（原子、電子、中子和質子）組成的，基本粒子又是由更微小的強子（如夸克、質子、中子、π介子）、輕子（如電子、電子中微子、μ子、μ

子中微子、τ子、τ子中微子）和傳播子組成。據説，這些微小的粒子不僅小到連最高倍的電子顯微鏡也不能觀察到，而且極不穩定，壽命極短，瞬息即逝。例如π＋介子經過一億分之一秒就衰變成了其它粒子，如同水中泡沫，它們不斷在產生，也不斷在湮滅，接近「空無自性」的狀態。格林在《宇宙的琴弦》一書中乾脆把物質世界的存在描繪為宇宙弦演奏的一曲壯麗的交響樂，自性本空。這與《心經》中「色即是空，空即是色」不謀而合。

受、想、行、識，亦復如是。

譯文

人的受、想、行、識等一切精神的活动，也是色、空不二的。

賞析與點評

眾生都是由「色、受、想、行、識」五蘊構成，上文重點討論了色蘊與空性之間辯證不二的關係。其它四蘊依此類推。如果照梵文直譯：「受不異空，空不異受；受即是空，空即是受。想不異空，空不異想；想即是空，空即是想。行不異空，空不異行；行即是空，空即是行。識不異空，空不異識；識即是空，空即是識。」玄奘法師在翻譯時將之簡化為一句話：「受、想、行、識，亦復如是」。至此，我們不難得出如下結論：無論是物質世界，還是精神世界，都遵循空、有不二的規律。

舍利子！是諸法[1]空相，不生不滅。

注釋

1 諸法：「五蘊皆空」中的「色蘊」，特指構成我們肉體的物質元素，泛指宇宙間一切物質現象。

譯文

舍利弗呀！宇宙萬有一切現象，都有一個共同的特點：本體即是空，它不是依賴因緣而生，沒有生，自然也無所謂滅。

賞析與點評

依據《雜阿含經》記載，「緣起法者，非我所作，亦非餘人作，然彼如來出世及未出世，法界常住。彼如來自覺此法，成等正覺。」換而言之，緣起性空的諸法空相，既不是佛陀的創造，也不是任何人的發明，而是客觀存在的規律。佛陀只是覺悟並且揭示了這一規律，無論他成佛與否，緣起性空依舊是宇宙人生亙古不變的自然法則，本來就存在，是「不生不滅」的。正如《法華經》云：「諸法從本來，常自寂滅相。」

不垢不淨。

譯文

諸法空相，既不會被惡的因緣所染而變為垢，也不會為善的因緣所熏習而成淨。

賞析與點評

身是菩提樹，心如明鏡台。
時時勤拂拭，勿使惹塵埃。
——神秀

很顯然，神秀的這首悟道偈仍認為明鏡可以被灰塵污染，這屬現象世界的思維，而六祖惠能從本體世界入手，對神秀的知見作了如下糾正：

菩提本無樹，明鏡亦非台。

本來無一物，何處惹塵埃？

——惠能

從現象來看，菩提樹、明鏡、塵埃，有生有滅，但它們的本體是同一個——空無自性，怎能被污染?!故說「不垢不淨」。

不增不減。

譯文

因緣所生之萬法，沒有自性，因而談不上有生與滅之變化。

賞析與點評

水（H_2O）是由氫、氧兩種元素組成的無機物，在常溫常壓下為無色無味的透明液體，慢慢地被蒸發而變為水蒸氣飛散到空中，在天上形成了白雲，凝結成較大的水滴後，落下來形成雨或者雪。水在零度以下又會結成冰……水蒸氣、白雲、雨、雪、冰等自然現象有增有減；然而，無論水從一種形態轉化成另一種形態，水的本質與總量是不變的，即不生不滅。同理，水蒸氣、白雲、雨、雪、冰等世間一切因緣所生之法，有生有滅，而這些現象背後空無自性的本體如同水的本質一樣，是「不生不滅」的。

是故空中無色，無受、想、行、識。

譯文

所以說，空性中並沒有物質之色，也沒有精神活動的受、想、行、識。

賞析與點評

是文重點講述有情眾生是由色、受、想、行、識五蘊組合而成，故說「我空」；而五蘊中的每一蘊，也是因緣所生，隨緣而變，不是永恆不變的實體。更重要的是，五蘊等法門如「標月指」，見月應忘指；同理，佛陀以一個「無」字提醒人們，「五蘊皆空」空去「我執」後，應捨五蘊之理論，故說「法空」。三個層面的「空」加在一起，才是「五蘊皆空」完整的內涵。

無眼、耳、鼻、舌、身、意[1]，無色、聲、香、味、觸、法[2]；無眼界，乃至無意識界[3]。

注釋

1 眼、耳、鼻、舌、身、意：此為「六根」，代表人們的感覺器官。
2 色、聲、香、味、觸、法：此為「六塵」，代表被認知對象——客觀世界。
3 眼識、耳識、鼻識、舌識、身識、意識為「六識」，代表人們的認知能力。

譯文

（空性中）也沒有知覺器官（眼、耳、鼻、舌、身、意），也不存在被認知對象（色、聲、香、味、觸、法）；也沒有能見之眼識，也沒有具有認知能力的其它五識（耳識、鼻識、舌識、身識、意識）。

賞析與點評

佛陀以一個「無」字進一步提醒人們，組成宇宙萬有的十八種基本元素（十八界）也是因緣和合的，也是空無自性。換而言之，構成外部世界的六塵空無自性，以此說明被認知的對象是空性的，叫「外空」；六種知覺器官空無自性，叫「內空」，以此說明能認知世界的知覺器官是空性的；具有認知能力的六識也是空的，叫「心空」；內、外皆空，心亦不實，以此來掃除人們對一切法的執著。更重要的是，十二處、十八界等法如同木筏，一個人利用它渡河後，木筏已完成了它的使命，應該把它放下，而不是背在身上。同理，破除了「我執」，不應誤以為十二處、十八界等法是真實不虛的真理，應及時放下；否則，便会深陷「法執」的泥潭。

無無明，亦無無明盡，乃至無老死，[1] 亦無老死盡[2]。

注釋

1 無無明……乃至無老死：是十二因緣「流轉門」的省略，為佛陀在菩提樹下悟道時所觀：由無明緣行，行緣識，識緣名色，名色緣六入，六入緣觸，觸緣受，受緣愛，愛緣取，取緣有，有緣生，生緣老死。如此循環流轉，無窮無盡，便成為無邊生死。

2 亦無老死盡：是十二因緣「還滅門」的省略。佛陀在菩提樹下順觀十二因緣後，了知「無明」是生死的根本。若要出離生死，必須先滅無明：無明盡則行盡，行盡則識盡，識盡則名色盡，名色盡則六入盡，六入盡則觸盡，觸盡則受盡，受盡則愛盡，愛盡則取盡，取盡則有盡，有盡則生盡，生盡則老死盡。如此十二支一一滅盡，便得解脱。

譯文

（空性中）沒有無明，也沒有滅盡的無明，甚至於沒有老死，也沒有滅盡的老死。

賞析與點評

佛陀運用十二因緣的教義，從生命現象的延續性來分析人生的本質。人生苦難的根源是過去世的業力（無明、行），引發現世的苦果（識、名色、六入、觸、受）；而現在的所作所為（愛、取、有），又是產生未來苦果的因（生、老死）。人生就是在這樣因果循環中使得生命得以延續，故説「無我」。佛陀以一個「無」字提醒人們，十二因緣僅僅是引導人們從緣起事物的前後延續變化，即透過事物的時間變化去觀空，「我執」去除了，不應又執著於佛陀的教法為真理，而應放下。

無苦、集、滅、道。

譯文

（空性中）沒有苦、集、滅、道這四個離苦得樂的步驟。

賞析與點評

佛陀以因果關係來教導人們從四個方面化解人生的苦難：1、苦諦：滅苦首先要知苦，知苦才能引發滅苦的動力，並且要勇敢地面對人生所遇到的各種艱難困苦；2、集諦：了知苦因，找出造成目前困境之各種根源；3、滅諦：任何形式的生命痛苦都是可以解決的，問題之所以成為問題，是因為我們還沒有找到解決問題之方法，一旦方法找到了，問題自然能迎刃而解，故應樹立滅苦之信心；4、道諦：悟空是滅苦之方法。四聖諦是佛教的核心教義，它告知人們，無論是何種困難，只要依照如上四個步驟，就一定能戰勝困難，「離苦得樂」，恢復平靜、正常的生活，所以稱為四聖諦。然而，佛陀以一個「無」字提醒人們，四聖諦等法僅僅是滅苦的方法，苦去除後，不應再執著於所使用的方法與理論，才能真正達到無牽無掛的境界。破除對理論、觀點和見解的執著，這是《心經》中悟空的第二層含意。

無智亦無得，以無所得故。

譯文

既無能證之智，自然無所證之果。因為這些本來就沒有可得的緣故啊！

賞析與點評

從語言文字上看，好像有了能知所知、能得所得的差別。「智」是能觀，「得」為所觀；「智」為能得，「得」是所得。但悟空的最高境界是沒有能、所的差別。雖然佛陀講通過般若智能證得真理，這只不過是引導人們悟證真理的方便，名言安立而已，其實「能」、「所」皆不可得，所以能證智與所證理，也畢竟空寂，空去一切差別觀念，甚至連「空」也要空去，然後才能享有一個解脫自在、空有不二的世界。因此說，真空不礙妙有，妙有體現真空。如此不偏「頑空」，不偏「執有」，離言說，於相離相，空而不空，才是悟空的最高境界——「中道實相」，進入不二法門的中道思想，這是《心經》中悟空的第三層含意。

菩提薩埵[1]，依般若波羅蜜多故，心無罣礙[2]。無罣礙故，無有恐怖。遠離顛

倒夢想[3]，究竟涅槃[4]；三世諸佛，依般若波羅蜜多故，得阿耨多羅三藐三菩提。

注釋

1 菩提薩埵（bodhisattva）：即菩薩，覺有情，有覺悟的人。

2 罣礙：罣——牽掛或被網罩，比喻為無明煩惱蔽覆真心，如被羅網罩着不得自由；礙——妨礙或是阻滯，比喻為眾生對事物的執著，阻礙正道，不得前進。

3 顛倒夢想：凡夫無知，被無明所迷，將因緣和合的現象誤認為是真實的，於是產生顛倒執著，妄造惡業，進而繼續輪迴生死。

4 涅槃（nirvāṇa）：煩惱除盡，就會出現寂靜、安穩、快樂的境界。

譯文

菩薩們（求道者）依照「般若波羅蜜多」去修行後，對世界一切事物不再執著，心中就沒有任何牽掛；由於心無牽掛，也就不會有恐怖畏懼，因而遠離了因妄想而產生的顛倒夢想，就能拋開煩惱，超脫生死，達到清淨自在的境界。過去、現在、未來的十方三世諸佛，也都是如此依照般若波羅蜜多法門去修行，而證得無上正等正覺（anuttarā-samyak-saṃbodhi）圓滿佛果。

賞析與點評

前文從理論上闡明「空」的思想，本段進入實踐階段，說明一個人若能領悟「空」的智慧，便知道物質世界與精神世界均變化無常，並無一個永恆不變的實體供人們來執著。換而言之，凡事不必過於執著，就能超越一切苦惱和困厄，達到「心無罣礙」的境界，獲得絕對的安寧與快樂。同時，明白了一切是因緣所生，就會珍惜和善用因緣，以達自利利他的理想。

故知般若波羅蜜多，是大神咒，是大明咒，是無上咒，是無等等咒，能除一切苦，真實不虛。故說般若波羅蜜多咒。即說咒曰：揭諦[1]，揭諦，波羅揭諦[2]，波羅僧揭諦[3]，菩提薩婆訶[4]。

注釋

1 揭諦（Gate）：去，即般若的甚深功能，能度眾生去到彼岸。

2 波羅揭諦（paragate）：到彼岸去。

3 波羅僧揭諦（parasamgate）：眾人一起到彼岸去。

4 菩提薩婆訶（bodhisvaha）：依此心咒，便能急速成就無上的菩提。薩婆訶（svaha）

是婆羅門誦《吠陀》經咒呼神獻祭時用的禱詞，無意義。佛教徒沿用這習慣語。

譯文

因此我們確信：般若波羅蜜多具有降服心魔的大神力，是破除人世間的愚癡黑暗而帶來大光明的力量，是至高無上的力量，是絕對無與倫比的力量，它能消除世間一切苦難，真實不虛。現在我要說「般若波羅蜜多咒」了，我現在宣說這一咒語：去罷！去罷！到彼岸去吧！大家都到彼岸去罷！覺悟吧！

賞析與點評

鳩摩羅什將該經題翻譯為《摩訶般若波羅蜜大明咒經》，簡稱《般若神咒》，將「空」觀智慧濃縮為咒語，總持無量義。這與佛陀講法的特色有關。公元前六世紀，佛陀所講的法，依靠師徒相承、口口相傳而得以保存、傳播。為了方便記憶，佛陀講完一部經後，都要對所說的內容作總結，言簡意賅，韻味無窮。反覆唱頌這些「真言」（咒，mantra），必能使人「悟空」，由此而擁有不可思議的力量。

金剛經

《金剛經》導讀

淨因法師

敦煌莫高窟發現的《金剛經》，是迄今所知世界上最早的有明確刊印日期的印刷品，印刷於唐咸通九年（八六八）。一九〇七年被英國人斯坦因盜取，曾藏於英國倫敦大英博物館，現藏於大英圖書館。《金剛經》為當今世界上最為人熟知的大乘般若經典之一。自古以來，有人愛其文字之優美，而去讀誦；有人喜其哲理豐富，而進行研讀；至於那些禪修者，更視《金剛經》為修心的指南、開悟的鑰匙，六祖惠能就是因為聽到這部經中「應無所住而生其心」一句而開悟；宋代，出家人的考試，有《金剛經》一科；明代，明太祖朱元璋把《金剛經》列為「治心三經」[1]之一，《金剛經》的治心功能廣為人們所接受；而民間一般信徒也不甘落後，他們以讀誦《金剛經》為日常功課，並從中得到靈感、保祐。《金剛經》因而成為一部家喻戶曉的佛教寶典。

1 另外兩部經是《心經》和《楞伽經》。

（一）《金剛經》的版本與注疏

道安在《鼻奈耶序》中說，「經流秦地，有自來矣……以斯邦人莊老教行，與方等經兼忘相似，故因風易行也。」（T24.851a11-14，此為引用經卷序列號。T代表《大正新修大藏經》，X代表《卍新纂續藏經》。下同）道安描述了佛教在東漢末年傳入中國時的情形。小乘禪法和大乘般若經典，是中國最初的一批漢譯佛典。隨着時間的流逝，小乘禪法逐漸衰微，而大乘般若思想最終成為中國佛教的主流思想，原因固然很多，般若思想依附玄學得以廣泛傳播，則是其關鍵的借力點。魏晉時期，玄學盛行。般若學者以般若經教去比附玄學，用老莊的概念闡釋般若思想，外來的般若學說因而與玄學思潮交匯在一起，在玄學者與般若學者的互相吸收和質難中而廣為流播，形成了般若學研究浪潮，出現般若學弘揚史上的輝煌時期。這可從般若系思想最重要的經典——《金剛經》翻譯得到佐證。從晉朝的羅什三藏到唐朝的義淨三藏，短短三百年之間，這部經在中國出現了六種譯本（見表一），其中鳩摩羅什於弘始四年（四〇二）譯出的《金剛般若波羅蜜經》，語言簡練、流暢，內容忠實程度高，成為最流行的版本，為本導讀所採用。

表一：《金剛經》主要譯本

朝代	譯者	經名	出處
姚秦（四○二）	鳩摩羅什	《金剛般若波羅蜜經》	T8.748c-752c
北魏	菩提流支	《金剛般若波羅蜜經》	T8.752c13-757a T8.757a25-761c
南朝	真諦	《金剛般若波羅蜜經》	T8.762a-766b
隋	達摩笈多	《金剛能斷般若波羅蜜經》	T8.766c-771c
唐	玄奘	《能斷金剛般若波羅蜜多經》	T7.980a-985c
唐（七○二）	義淨	《佛說能斷金剛般若波羅蜜多經》	T8.771c-775b

另外，《金剛經》有藏文、滿文譯本等，和闐、粟特等文字的譯本也在中國吐魯番等地出土，而原始的《金剛經》梵文本在中國、日本、巴基斯坦、中亞等地都有發現，此經傳入西方後曾被譯成多種文字。一八三七年修彌篤根據藏譯首次譯成德文，一八八一年F·馬克斯·繆勒將漢文、日文及藏文譯本加以校訂，譯成英文，收入《東方聖書》第四十九卷。一九五七年愛德華·康芝又再次譯成英文，收入《羅馬東方叢書》第八卷。達爾杜根根據梵文並對照中國

滿文譯本，譯為法文。日本宇井伯壽、中村元等曾多次譯成日文。

《金剛經》一問世，在印度就受到了廣泛的重視，無數佛學大家為之作注疏，其中以無著的《金剛般若論》（T25.757a-766a28）、天親的《金剛般若波羅蜜經論》（T25.781b-797a）、施功德的《金剛般若波羅蜜經破取著不壞假名論》（T25.887a-897b）尤為精到。中國從東晉、隋唐、元明清，各家為《金剛經》作注疏者不下數百家，收於《卍續藏經》就有四十三種，其中僧肇的《金剛經注》（X24.95a14-405b03）、智顗《金剛般若經疏》（T33.75a-84a）、釋德清《金剛決疑》（X25.57a08-70c19）各具精義。

進入近現代後，對《金剛經》的講解、譯注、導讀更是不計其數。其中印順的分科、江味農的考據、德林的禪解尤有特色。也許是《金剛經》在義理上本已深奧難明，層次上又錯綜複雜，而現有對該經的導讀、講義，有的因分科太細，令人迷失；有的因注解、考據太繁瑣，令人無所適從；有的因望文解義，使人難以對該經的宗旨有一個整體的把握。有鑒於此，我們試圖從現代人的思維模式出發，以深入淺出的手法，解讀該經，期盼讀者對《金剛經》的般若妙理有所了解。

（二）《金剛經》的基本內容

多年來，弟子們跟隨佛陀學習「十二緣起」，了知無明是生死的根本；學習「四聖諦」，了知離苦的方法；學習「五蘊皆空」，了知「無我」的道理。弟子們重在追求自身的解脱，獲得自在快樂的人生。佛陀還進一步闡釋空有不二的般若法門，破除我執、法執、空執，以便引導弟子們發起救度苦難眾生之心（即發菩提心），走上成佛的大道。弟子們初次接觸般若法門，生起無數疑惑：若無我，到底誰在修行？誰去證聖果？若無佛，天天向大眾講法的又是誰？拜佛何用？若無法，三藏十二部的經文又是甚麼？若無福德，修善何用？發菩提心，廣度眾生，才能成佛。然而，苦難眾生太多，有的極其難度，何時才能度盡？弟子們時刻被這些問題所困擾，無法安心修行。佛陀以般若正觀的思辨模式講解《金剛經》，化解弟子們心中的疑慮。

般若正觀的思辨模式有別於唯物辯證法，我們可從趙樸初與毛澤東的一段對話中略窺一斑。一九五八年六月三十日，趙樸初陪同毛澤東主席會見外賓前，主席問：「你們佛教有沒有這麼一個公式啊：趙樸初即非趙樸初，是名趙樸初？」趙樸初答道：「是有這麼個公式。」主席説：「這就很奇怪了，首先是肯定後來又否定，先肯定後否定。」趙樸初答道：「不是先肯定後否定，而是同時肯定，同時否定。」話説到這裏，外賓到了，對話被迫中斷。

趙樸初在《詩歌及其與佛教關係漫談》一書中如實地記錄了以上對話，表明毛澤東熟讀《金剛經》後，試圖從否定之否定規律來解理「佛說XX」、「即非XX」、「是名XX」這一《金剛經》典型的「般若正觀之思辨模式」時，覺得妙則妙已，似乎言猶未盡，故有此一問。因為唯物辯證法認為，一切事物都是對立、統一的矛盾集合體（肯定），矛盾的雙方相互作用而引發事物的變化，從量變到質變（否定），而有新生事物的出現（否定之否定）。很顯然，否定之否定規律強調的是事物的自我否定，即在否定「舊」的趙樸初的基礎之上，承認有一個真實存在的「新」趙樸初。而《金剛經》中「XX者，即非XX，是名XX」的般若正觀之思辨模式，與以上否定之否定思辨模式略有不同，可以簡單概括為「現象→非本體→是實相」。（見表二）

表二：般若正觀的思辨模式

種類	思辨模式	注
辨證邏輯	正→反→合	正面，反面，正、反合說
雙遣否定法	肯定→否定→肯定	是→不是→才是
緣起性空的思辨模式	假有→非有→真有	真空妙有
中道實相的思辨模式	有→空→中道	現象→非本體→是實相

《金剛經》中最典型的句子有：「如來說微塵，即非微塵，是名微塵。」「如來說世界，即非世界，是名世界。」「如來說一合相，即非一合相，是名一合相。」「佛說般若波羅蜜，即非般若波羅蜜，是名般若波羅蜜。」「所言善法者，如來說即非善法，是名善法。」「所言一切法者，即非一切法，是名一切法。」「說法者，無法可說，是名說法。」「如來說三十二相，即非三十二相，是名三十二相。」「眾生，眾生者，如來說非眾生，是名眾生。」

我們用最後一句對般若正觀的思辨模式稍作詮釋。當物質元素（色）和精神元素（受、想、行、識）和合在一起時，眾生相便顯現出來，這就是人們熟悉的眾生相概念（眾生者）；眾緣和合的眾生相，沒有固定不變的實體，是假有，所以「如來說非眾生」；如同無常性的水一樣，在特定的條件下有如下不同的表現形態：雨、雪、霜、霧、冰、波浪、水蒸氣……同理，正因為眾生無定性，才會如同水一樣，依據各自的業力，輪迴於六道，一旦被教化，精進努力，由凡夫轉變成聲聞、緣覺、菩薩，最終大徹大悟，成佛作祖。正如《華嚴經》云，「心、佛、眾生，三無差別。」如此理解，才算真正了解眾生相的本義（是名眾生）。

由以上分析可知，《金剛經》中「XX者，即非XX，是名XX」的般若正觀之思辨模式是：以自性「空」提醒人們不應執著於緣起的「有」，有而非有；以緣起的「有」說明自性的「空」，空而不空，空有不二，無住生心，從而建立起中道正觀。正如《中論》云，「因緣所生法，我說即是空，亦為是假名，亦是中道義。」這就是般若正觀之思辨模式，是進入《金剛經》般若法門的金鑰匙。

在《金剛經》第一部分（法會因由分第一——能淨業障分第十六）中，佛陀以般若正觀之思辨模式透視現象世界萬有以及化法、化處、化主等名言概念，皆因緣所生，虛幻不實，因而得出「凡所有相，皆是虛妄」的結論（即非XX）。一個人若能「於相離相」，妄執的心便能得到降伏。正如《六祖壇經》云，「善知識！外離一切相，名為無相。能離於相，則法體清淨。」

《金剛經》第二部分（究竟無我分第十七——福智無比分第二十四）在「外離一切相」的基礎之上，從心入手，破除世人對「能得」、「所得」的執著心。如同對一個學生來說，通過努力學習，獲得了好的成績，自然會生起我能得到好成績的「能得」與「所得」之心。同樣，菩薩在修道的過程中自然會得法、證果、度眾，並能召感好的果報。然而，若有人因此而認為菩薩的「能得」為實有，心便会住於「能得」的執著中，成為修道的障礙。因此，《金剛經・究竟無我分第十七》從得法不住、得果不住、度眾不住、依報不住四方面說明菩薩在修道的過程中雖能得，心卻不住於「能得」。與此同時，菩薩修成正果後，確有所得，如所觀的妙智、所得的福德、所感的報身、所悟的妙法、所度的眾生、所證的果位和所修的善法。若有人因此而認為諸佛菩薩的「所得」為實有，心便住於「所得」的執著中，是修道的另一種障礙。《金剛經》自「一體同觀分第十八」到「淨心行善分第二十三」，從如下七方面說明佛陀雖有所得，但心不住於「所得」：正報非真，隨緣度眾；無福之福，其福甚大；相無定相，身相具足；無說而說，法音遍滿；度無可度，自性自度；得無可得，無上菩提；作無可作，無上善法。無論是「能得」，還是「所得」，皆隨因緣而變化，並無一個固定不變的「能得」、「所得」（即非XX），因而說能而不能，不能而能；得而不得，不得而得，能、所不住，於念離念，內心便不會受身外之物的污染。正如《六祖壇經》云：「若見一切法，心不染著，是為無念。」

外界的現象與名相、內心的能得與所得被破除後（非有），有些弟子執著於無我相、無人相、無眾生相、無壽者相、無福德、無佛、無法等說空的名相為真實不虛的妙理，墮入斷滅空。針對這種不正確的知見，佛陀在《金剛經》第三部分（化無所化分第二十五—知見不生分第三十一）以「無所住而生其心」破除弟子們的迷執，破邪即是顯正，樹立正知正見：「離相」並非「斷滅」，否定萬物的存在以及名相的功能，而是如實了知世間一切現象的緣起存在（非空）；不執著於能得、所得，並非否定能得、所得，而是於相「不取」、「不住」，悟入離於空、有二邊的中道實相（是名XX），這才是認識世間一切現象的正確知見，「無住生心」，以便更好地幫助苦難眾生。

(三)《金剛經》的現代意義與普世價值

修福不修慧,象身掛瓔珞;
修慧不修福,羅漢托空鉢。

——《龍舒增廣淨土文》

這首偈頌源於兄弟倆不同的修行。哥哥每天精進持戒,打坐參禪,無心隨眾勞動、佈施;而弟弟則是勤勞工作,佈施濟眾,廣修福德,卻無心聞法參禪。後來哥哥去世後轉世為佛陀的弟子,修得了羅漢道,而弟弟卻投生到大象群中,因在戰爭中立下功勞,被封為象王,金銀珠寶裝飾全身,過着舒適奢華的生活。而修成羅漢的哥哥活得十分辛苦。一次國內饑荒,衣衫襤褸的哥哥,托鉢七日,都是空鉢而回。當飢寒交迫的羅漢哥哥看到富貴無比的大象弟弟時,無限感慨地說出以上偈頌。福慧雙修,是《金剛經》的心要,對當今世人仍具有很大的現實意義。

人生的幸福,事業的成功,都離不開福慧雙修。現實生活中有不少懷才不遇的人,聰明能幹,但為人過於精明而不肯吃虧,修慧不修福,善緣難具足,做起事來往往無人相助,障礙重重。修福的方法很多,及時施出一個微笑、一種關懷,或助他人一臂之力,都是修福的範疇。而在眾多修福中,以佈施財物最直接、最具有代表性。所以《金剛經》常以「滿三千大千世界七寶以用布施」來形容福德之大,「若人滿三千大千世界,七寶以用布施,是人所得福德寧為多不？須菩提言：甚多世尊。」（T8.749b19-20）一個人若能用一顆無私、真誠、隨喜的心廣結善緣，做對社會大眾有利之事，利益無量眾生，自然可獲得無限的善果，無論你做何事，都有人相助，無論你走到哪裏，也都有人照應。這一切都是自己種善因而得來的福德果報。《佛說阿彌陀佛經》中也把修福德看成是往生極樂國土的必要條件，「不可以少善根、福德、因緣得生彼國。」（T12.347b10）

從另一方面講，修福不修慧，福中也造罪。生活中有一些含着金湯匙出世的人，生來福報就很大，但因從小嬌生慣養、不思上進，恣意縱情地揮霍祖上掙來的家業。這些人遲早都會使自己陷入困境，落得個敗家子的名聲。這都是有福無慧的惡果。正因為如此，佛陀在《金剛經》中特別強調智慧的重要性，「若有人以滿無量阿僧祇世界七寶，持用布施；若有善男子、善女人，發菩提心者，持於此經，乃至四句偈等，受持、讀誦，為人演說，其福勝彼。」（T8.752b24-27）接着《金剛經》以如下偈頌對佛陀的智慧作總結，「一切有為法，如夢幻泡影，如露亦如電，應作如是觀。」這首偈語告訴我們，人生如夢，苦樂如泡影，成敗如朝露，榮華富貴如浮雲，名利如鏡花水月，宇宙間萬事萬物瞬息變幻，無時無刻不在變化。一個人若能領悟到一切萬法的本質皆緣生緣滅，看透自我、苦樂、名利、美色等世間萬物之心便會生起，這樣就能逐漸明白凡事不必過於執著，應以隨緣的心態做事：順境時珍惜眼前所有，以良好的機緣去成就事業，活出幸福的人生；逆境時，則坦然地去面對、承受、化解人生中的各種困苦，笑對人生，活得輕鬆、自在。如此，無論順逆境，一個人都能坦然面對世間的悲歡離合、炎涼冷熱，超越成敗、榮辱和得失，甚至是生死。

「福德」與「智慧」猶如鳥之雙翼、車之雙輪，缺一不可。外修福以利他，內修慧以自利，福慧雙修，方能修得「萬德莊嚴、智慧如海」的圓滿佛果。同樣，日常生活中，只要我們福慧雙修，以此來莊嚴我們的人生，事業必有所成，人生必有坦途。

上卷：外離一切相

本篇導讀——

發菩提心是進入大乘般若法門的基石。然而，現實生活中，糊塗的人太多，受苦的眾生更是無法用數字來計算，何時才能度盡?!眾生不盡，成佛作祖無望，成佛之路遙遙，心何以安?!從「法會因由分第一」到「能淨業障分第十六」為《金剛經》的第一部分，從假入空，破除人們對身外之物、名言概念的執著，於相離相，一切皆非，以此來降伏人們的妄想執著之心，隨緣度眾，獲得自在人生。正如《六祖壇經》云：「善知識！外離一切相，名為無相。能離於相，則法體清淨。」

法會因由分第一

如是我聞：一時，佛在舍衛國祇樹給孤獨園[1]，與大比丘眾千二百五十人俱。

注釋

1 祇樹給孤獨園：給孤獨長者佈施黃金買園，祇陀太子受感動而佈施園中樹林，兩人共建此園，捐給佛陀，供比丘僧眾在此辦道修行。佛陀在此講述很多大乘經。

譯文

我聽佛陀是這樣說的：當時，佛陀住在舍衛國的祇樹給孤獨園中，有一千二百五十位大比丘隨侍左右。

賞析與點評

根據《過去現在因果經》，常隨佛陀的弟子有一千二百五十人。其中，耶舍長者子師徒五十人、優樓頻螺迦葉師徒五百人、那提迦葉師徒二百五十人、伽耶迦葉師徒二百五十人、舍利弗師徒一百人、目犍連師徒一百人，共一千二百五十人。這些聲聞弟子是本經主要聽眾，暗含本經是佛陀專為初發菩提心救度芸芸眾生的常隨弟子而說。正如《金剛經》云，本經是「為發大乘者說，為發最上乘者說」。

爾時，世尊[1]食時，著衣持缽，入舍衛大城乞食。於其城中次第乞已[2]，還至本處。飯食訖，收衣缽，洗足已，敷座[3]而坐。

注釋

1 世尊：天上、人間最尊貴之人，為佛的十大尊號之一。

2 次第乞已：不擇貧富，挨戶依序托缽而乞食。修行者借助這樣的行為，可培養平等心，以消除煩惱。

3 敷座：鋪座跏趺而坐，安住於正念中，是佛教行、住、坐、臥四威儀之一。

譯文

有一天，臨近吃早飯時，佛陀穿上袈裟，手持飯缽，緩步走進舍衛城乞食。佛陀以慈悲平等之心，不分貧富不分貴賤，挨家挨戶地托缽、乞食完畢，返回住處。吃完飯，佛陀收好法衣和食缽，洗完腳，鋪好坐墊，就開始打坐靜修。

賞析與點評

佛陀講《華嚴經》、《法華經》等大乘經典之前，佛身放光，大地震動，恆沙菩薩、百萬天人雲集。而佛陀講本經之前如同常人般生活：着衣持缽，乞食歸來，整理衣服，洗缽洗腳，整理座位打坐……這些看似與普通人日常生活無異，卻隱含深意：佛陀於行、住、坐、臥等日常生活中時刻提醒弟子：佛不住佛相，直指本經宗旨——於相離相，無住生心，體現了般若法門的修行風格。

善現啟請分第二

時，長老須菩提[1]在大眾中，即從座起，偏袒右肩，右膝著地，合掌[2]恭敬而白佛言：希有，世尊！如來善護念[3]諸菩薩，善付囑[4]諸菩薩。世尊！善男子、善女人[5]發阿耨多羅三藐三菩提心，應云何住？云何降伏[6]其心？

注釋

1 須菩提（Subhūti）：佛陀十大弟子之一，有「解空第一」的稱號。

2 合掌：合掌：即雙手合十，心專一境，以示敬重。

3 善護念：對根熟菩薩而言，護持他們的正念，不捨大乘行，追隨佛陀的足跡，住持正法而教化他人。

4 善付囑：對根未熟菩薩而言，佛陀善巧地叮嚀教誡，引導他們契入甚深的佛道，得大利益。

5 善男子、善女人：信佛、聞法、行善業之人的統稱。

6 降伏：離於邪，止滅妄心、雜念。

譯文

這時，長老須菩提從大眾中站起來，以袈裟覆蓋左肩，袒露右肩，右膝着地，雙手合十，讚歎佛陀說：（如來與常人一般生活），這太稀有難得了！世尊！如來一直以來都是善於以此種善巧方便護持諸大菩薩不捨正念，（住持正法，教化眾生）；又能善巧地攝取在步入菩提道的眾生，（使他們不退失菩提心，契入甚深的佛理，得大利益）。世尊！倘若有善男子、善女人發起追求無上正等正覺的成佛大願，如何才能使之安住正道而不退失呢？當妄念生起時，如何才能降伏呢？

賞析與點評

《妙法蓮華經》云，諸佛「以無量無數方便，種種因緣、譬喻言辭，而為眾生演說諸法」，（T9.7b04-6）引導人們入佛知見。佛陀長期以來一直以常人的生活方式啟發人們領悟「離一切相」之妙理。可惜沒有人知曉其中奧秘。而今，須菩提似有所悟，讚歎稀有，向佛陀請教：如何才能使剛剛發菩提心的人安住於救度眾生的大業中？心生煩惱時，如何才能使之平息？

佛言：善哉！善哉！須菩提！如汝所說，如來善護念諸菩薩，善付囑諸菩薩。汝今諦聽，當為汝說，善男子、善女人發阿耨多羅三藐三菩提心，應如是住，如是降伏其心。

唯然，世尊！願樂欲聞！

譯文

佛陀讚歎須菩提說：問得好！你說得真不錯！須菩提！正如你所說，如來的確是能護持眷念諸菩薩，能善巧開導諸菩薩。你們仔細聽吧！現在，我要為你們解說，善男子、善女人發了無上正等正覺的成佛大願後，(要保持此心不退)，應當照如下所說把心安住下來，應當如此去降伏妄心。

須菩提得到了如來的應允，歡喜地回答說：是的，世尊！我們願意、歡喜、期盼聆聽您的教誨。

賞析與點評

《妙法蓮華經》云，「諸佛以一大事因緣故出現於世……唯以佛之知見示悟眾生。」（T9.7a）儘管眾生無知，不解佛意，但是佛陀仍像慈母呵護嬰兒一樣，一直在等待機會。而今，須菩提終於有所領悟，尋問佛陀安心之法，講解《金剛經》的因緣因而成熟。

大乘正宗分第三

佛告須菩提：諸菩薩摩訶薩[1]應如是降伏其心，「所有一切眾生之類，若卵生、若胎生、若濕生、若化生；若有色、若無色；若有想、若無想、若非有想非無想，我皆令入無餘涅槃[2]而滅度之。如是滅度無量無數無邊眾生，實無眾生得滅度者。」何以故？須菩提！若菩薩有我相、人相、眾生相、壽者相，即非菩薩。

注釋

1 摩訶薩：摩訶薩埵（mahāsattva）」之略稱。「摩訶（maha）」譯為「大」；「薩埵（sattva）」譯為有情、眾生。菩薩有成佛度眾生之大心願，在一切眾生（凡夫，小乘）中成為上首，所以名摩訶薩，意譯為大有情、大心。

2 無餘涅槃：煩惱止，苦痛滅，得自在，為涅槃；業報已盡，身心徹底融入法界，物我一體，不再有物我、自他、身心的拘礙，名為無餘。

譯文

佛陀告訴須菩提說：諸大菩薩應當如此降伏妄心，「天地間一切形態的生命，不外乎如下三種分類：就生命產生的形式而言，可分為四類——卵生、胎生、濕生、化生；就生命的構成而言，可分為兩大類——有形體的欲界與色界眾生、無形體的無色界眾生；就心識活動的強弱而言，可分為三種類型——具有感覺、認識、意志、思考等意識作用的有情眾生（有想）、沒有明顯心識活動的無想天外道（無想）以及僅存微細心識活動的無色界非想非非想處的入定者（非有想非無想）。我發願救度以上提到的一切眾生，引導他們都進入無餘涅槃的世界，斷盡他們的煩惱、永絕諸苦，讓他們獲得最終的解脫。我願如此度化無量無數無邊的眾生，但在我心中其實並不見有一個眾生為我所度。」為甚麼呢？須菩提！若菩薩心中仍有自、他、眾生、壽者等四相的對待分別，以為有個「我」能化度眾生，又見有所謂的眾生為我所度，那他就不成其為菩薩了。

這段經文看起來有點深奥，其實是闡釋了菩薩思維的特點：以一切眾生作為自己救度的對象。要做到這一點，必須從離「我相」入手，才能逐步進入「離四相」的境界。《心經》云，「照見五蘊皆空，度一切苦厄。」其意為：所謂的人、我，本來就是由物質元素（色）和精神元素（受、想、行、識）組合而成的「假我」，沒有一個恆常不變的自我存在，這就是「無我相」；「無我相」則無自、他的分別，這就是「無人相」；既「無我相」又「無人相」，則不會產生我們、你們、他們等相對概念與分別對待，這就是「無眾生相」；無論是何種形式的生命，都如同川流不息的河流一樣，無時無刻不在變化中延續，這就是「無壽者相」。一旦通達我、人、眾生、壽者四相皆因緣所生，擁有共同的特性——空無自性，即是「無相」，四相便成一體，「無緣大慈、同體大悲」之心生起：眾生的苦就是我的苦，眾生的困難就是我的困難，眾生的需要就是我的需要。擁有如此思維的人，自私的妄心得到降伏，無私的利他菩提心便會生起，將自己的全部精力用於利益大眾的事業中去，在利他的過程中完善自己，幫助他人越多，自我提升越高，哪裏會擔心有度不完的眾生?!如此思維，發菩提心的人，便會心甘情願投身於救度眾生的偉業中去，「我執」的妄心便在幫助眾生中得到降伏。

妙行無住分第四

復次，須菩提！菩薩於法[1]，應無所住行於布施。所謂不住色布施，不住聲、香、味、觸、法布施。須菩提！菩薩應如是布施，不住於相。何以故？若菩薩不住相布施，其福德不可思量。

注釋

1 法（Dharma）：音譯為達磨、達摩。一切的事物，不論大的小的，有形的或是無形的，統稱為法。其中，有形的叫作色法，無形的叫作心法。

譯文

佛繼續說道：再者，須菩提！菩薩對於萬法，都應該無所執著，以不執著於報恩而行佈施，即不要住於色境而行佈施，也不要住於聲境、香境、味境、觸境、法境而行佈施。須菩提！如果菩薩如此行「無相佈施」，沒有行佈施的我，受佈施的人，所佈施的物，佈施後更不存求報的念頭，這種三輪體空的無相而行的佈施叫「不住相佈施」，獲得的福德不可思議、無法估量。

賞析與點評

一個人發菩提心後，緊接着要有利益眾生的實際行動。菩薩幫助苦難眾生的方法很多，「六度」、「四攝」為其主要內容，而「佈施」則為最直接、最首要的方法。佈施的福德取決於佈施人的心態。佈施時若能做到無能施之心，不分別受施之人，不見有施之物，佈施後也不存求報之念，這種「無相佈施」，代表行善的最高境界，「菩薩於法，應無所住行於佈施。」

須菩提！於意云何？東方虛空[1]可思量不？

不也，世尊！

須菩提！南、西、北方、四維[2]、上、下虛空，可思量不？

不也，世尊！

須菩提！菩薩無住相布施，福德亦復如是，不可思量。須菩提！菩薩但應如所教住！

注釋

1 虛空：虛無形質，空無障礙，故名虛空。

2 四維：即「四隅」，指東南、西南、東北、西北四個方向。一般是以四維加四方，稱為八方；若再加上、下二方，則合稱為十方。

譯文

須菩提！你意下如何？東方的虛空可以思量嗎？

須菩提回答：不可思量，世尊。

佛陀又問：須菩提！那麼南方、西方、北方、東南、西南、東北、西北及上下方的虛空，可以思量嗎？

須菩提回答：不可思量的，世尊。

須菩提！菩薩因體悟三輪體空，不執著事相而行佈施，其所得的福德，也和十方虛空一樣，不可思量。須菩提！菩薩只要依着我的教法修行，自然能令妄心不起，真正安住於清淨的菩提本心。

佛陀說：須菩提！菩薩不執著於諸相而進行佈施的福德，也和十方虛空一樣不可想像和度量。須菩提！菩薩就應該是這樣不執著於諸相，自然能令妄心不起，真正安住於清淨的菩提本心。

賞析與點評

梁武帝一生致力於造佛寺，寫佛經，培養僧人，所花金錢，不可勝計，自以為功德很大。出乎常人意料的是，達摩竟說他「無功德」。梁武帝大惑不解。其實，為了有所得而行善佈施，屬於「有相佈施」，其目的是為了一己之私利，施得越多，自我越大，怎能不煩惱?!「無相佈施」則不同，基於對「無我」的認識，不再執著於誰在幫人、幫了「誰」，也不執著於佈施了甚麼、佈施了多少，這種「三輪體空」的佈施，出自佈施者的大悲心，因而只關注幫助別人的過程，對自我與身外之物的執著便在佈施的行動中不知不覺地消除。如此行佈施，幫助的人越多，自我提升越快，他所獲得的功德，如同十方虛空一樣，不可思量。

如理實見分第五

須菩提！於意云何？可以身相[1]見如來不？

不也，世尊！不可以身相得見如來。何以故？如來所說身相，即非身相。

佛告須菩提：凡所有相，皆是虛妄；若見諸相非相，即見如來。

注釋

1 身相：身之相貌，此指佛陀的特殊妙好之相。

譯文

佛問：須菩提！你意下如何？可以依如來具足相好的身體相貌來認識如來的真實

本性嗎？

須菩提回答：不可以，世尊！不可以依如來具足相好的身體相貌來認識如來的真實本性。為甚麼呢？因為如來所具足相好的身體相貌，（是由眾緣和合而成的），並非是真實存在的身相。

佛陀告訴須菩提：一切諸相都是虛妄不實的。若能悟得諸相皆虛妄不實，當下就能見到如來法身。

賞析與點評

上文講到無我，自然「不可以身相得見如來」，弟子們心中有疑問，「每天為我們說法的不是如來又是誰？」現代人更會發問，「大雄寶殿上供奉的佛像難道不是佛嗎？如果不是，拜佛又有何用？」針對這些問題，佛陀以緣起法說明，花草、人我、佛的應化之身等世間一切現象都是由種種條件（因緣）和合而成，無時無刻不在變化，沒有固定不變的實體，哪裏能找到一個固定不變的「佛陀身相」供我們來執著呢?!所以佛陀提醒須菩提：「凡所有相，皆是虛妄。」只有領悟了現象世界的萬有都是緣起而性空，於諸相中見到空性（非相），當下就能見到如來的真身——法身。《金剛經》因而說，「若見諸相非相，即見如來。」

正信希有分第六

須菩提白佛言：世尊！頗[1]有眾生，得聞如是言說章句，生實信不[2]？

注釋

1 頗：略，稍。

2 實信：是與智慧相應的正信，非泛泛的信仰。信必須具備信實、信德、信能三條件。

譯文

須菩提向佛陀問道：世尊！後世真的還有人聽聞您上面所宣說的義理和言辭，因此而生起真實的信心？

賞析與點評

不少人把「於相離相」的般若法門看成是「黑洞」，深不見底。出於對未知的恐懼，人們不敢輕易進入般若法門。進入般若法門的門檻到底有多高？一般人能生起信心嗎？須菩提對此也有疑問。佛陀安慰須菩提說，只要按照如下三個步驟，便可進入般若法門。

佛告須菩提：莫作是說！如來滅後，後五百歲，有持戒、修福者，於此章句能生信心，以此為實。

譯文

佛陀回答須菩提說：你不必有這樣的疑慮。佛陀入滅五百年時期，會有持守戒律、廣修福德的人，能對以上所說的經文生起深切的信心，深信般若不二的解脱法門，能如實悟入深義。

賞析與點評

不少人認為，修般若大法的起點一定很高。其實不然。俗話說，萬丈高樓平地起。同樣，對般若法門的修持應從最基本的持戒開始，因戒生定，因定發慧，自然對般若妙法有所領悟。自律是建立信心的起點。事實上，依據《大般若波羅蜜多經》，佛陀去世後五百年，正是迦膩色迦王（七十八——一〇二）統治時期，大乘般若教法盛行，「舍利子！我滅度已，後五百歲，甚深般若波羅蜜多於東北方大作佛事。」（T6.539a29）。這一史料本身足以說明，任何一個人，只要從「持戒、修福」起步，打好基礎，逐步對《金剛經》甚深的義理產生信心，並非我們想像中的那麼難。

當知是人，不於一佛、二佛、三四五佛而種善根[1]，已於無量千萬佛所，種諸善根。

注釋

1 善根：無貪、無嗔、無癡為得善果之根本，所以稱為善根。

譯文

應當知道這些人，不只曾經於一佛、二佛、三佛、四佛、五佛處種下了眾善根前緣，而是已於無量千萬佛處積集深厚的善根。

賞析與點評

《長阿含經》說，「三善根：一者不貪，二者不恚，三者不癡。」（T1.50a）由此觀之，持戒是對人身、口的規範，而善根則重在對人內在心智的訓練。親近諸佛菩薩、大善知識，耳濡目染，見賢思齊，多聽法，常持戒，廣修福，天長日久，向善、向上的力量不斷增長，便會在不知不覺中對般若妙法有所領悟。

聞是章句，乃至一念生淨信者。須菩提！如來悉知悉見，是諸眾生，得如是無量福德。

譯文

聽到了這些微妙經義，便會在一念之間產生清淨的信心。須菩提！如來完全盡知盡見，這些善根眾生將會得到無可估量的福報和功德。

賞析與點評

一提起「加持」，人們便聯想起某種神秘的力量。其實，剛學走路的寶寶，看到母親贊許的目光，摔倒後會爬起來繼續笑眯眯往前走，這就是「加持」的力量。同理，只要眾生對般若妙法有一點點的領悟，諸佛菩薩立即知曉，並為之印證，成為眾生繼續深入般若法門的直接推動力。這就是加持的力量。持戒與積累善根是生信心的基礎，而諸佛加持是外力的幫助，最終還須通過自身的證悟，才能真正進入般若法門。

何以故？是諸眾生，無復我相、人相、眾生相、壽者相；無法相[1]，亦無非法相[2]。何以故？是諸眾生，若心取相，則為著我、人、眾生、壽者；若取法相，即著我、人、眾生、壽者。何以故？若取非法相，即著我、人、眾生、壽者。是故不應取法，不應取非法。以是義故，如來常說，「汝等比丘！知我說法，如筏喻者；法尚應捨，何況非法。」

注釋

1 法相：法相通常指執五蘊、十二處、十八界等諸法，此處專指般若波羅蜜法。若執之為實有不變之法，則屬於一種「有病」。故佛陀說「無法相」。

2 非法相：專指執著諸法皆無、涅槃亦無的「斷滅空見」，故佛陀說「無非法相」。

譯文

為甚麼這麼說呢？是因為這些善根眾生，不再妄執我相、人相、眾生相、壽者相，（去除了我執）；又不再有法相的執著（證得法空），也沒有非法相的執著（證得空空）。這是甚麼緣故呢？如果眾生心念中執取於相狀，也就執著於自我的相狀、他人的相狀、眾生的相狀、壽命的相狀；若眾生執著種種法相，亦會有對自我的相狀、他人的相狀、眾生的相狀、壽命的相狀的執著。甚麼緣故呢？如果眾生心念中執著於無法相，那也會執著於自我的相狀、他人的相狀、眾生的相狀、壽命的相狀，所以既不應執著任何法相，也不應執著於非法相。正因為如此，如來才經常告誡你們這些比丘，我所說的法，就像船筏之譬喻一樣。佛法尚且應該捨去，何況那些與佛法相違背的非法。

賞析與點評

佛陀在《中阿含經》說，一個逃亡的人被一條大河阻斷去路，河上沒有橋樑、船隻可供渡河，後有追兵。在這萬分危險時刻，他急中生智，採集草木枝葉，做成木筏，成功渡河，逃過一劫。為此，他時刻背着他的「救命恩人」——木筏。（T1.764b19-764c12）

眾人皆笑他的愚蠢行為。而我們也未嘗不是如此。戒慧成就，久集善根者，一有所悟，又立即得到諸佛菩薩的印可加持，日久努力，悟入「人空」後，便執著佛陀的教法為實有，這是法執。其實，一切教法如木筏，悟入「人空」後就應捨棄，由此而悟入「法空」。不少人又誤以為我、法二空的空相為真實的存在。只有更進一步去除對空相執著的人，才能悟入「空空」。如此悟解「三空」，契入離相，遠離我、我所、有無等一切戲論妄執，方能於般若無相中生一念清淨心。所以《大般若波羅蜜多經》說，「畢竟空中有、無戲論皆滅。」（T7.632a18）總而言之，緣起的萬物、佛陀的教法以及由此而獲得的功德等一切有為法，因空無自性，不可取執，更何況是那些不善的非法呢？

無得無說分第七

須菩提！於意云何？如來得阿耨多羅三藐三菩提耶？如來有所說法耶？

須菩提言：如我解佛所說義，無有定法，名阿耨多羅三藐三菩提，亦無有定法如來可說。何以故？如來所說法，皆不可取[1]、不可說[2]；非法[3]、非非法[4]。所以者何？一切聖賢，皆以無為法而有差別。

注釋

1 取：即「執著」，是煩惱的異名，指對所喜歡的境界執取追求。

2 不可說：般若實性，離言說相，了無能說所說，故云「不可說」。

3 非法：凡是心有所取，口有所說，執著真有阿耨多羅三藐三菩提可證，生自大驕慢心，皆為「非法」。

4 非非法：若執著沒有阿耨多羅三藐三菩提可證，墮入斷滅空，皆為「非非法」。

譯文

佛陀又問：須菩提！你意下如何？如來在菩提樹下成道，真的有「阿耨多羅三藐三菩提」可證得嗎？如來成道後，大轉法輪，確有法可說嗎？

須菩提回答說：就我所理解佛陀所說法義，沒有固定的法叫作「阿耨多羅三藐三菩提」，更無定法為如來所說。甚麼緣故呢？因為如來所說的法，包括非法、非非法，都是不可取、不可說的。為甚麼呢？大聖佛陀、二乘聖者、大乘菩薩等聖賢，皆依如來所說，自證無為法，只是因其深淺之不同而顯示出來種種差別相。

賞析與點評

為吾現正離外道，於闇瞑中作燈明，
為諸傷害除垢穢，願大醫王斷吾疑。
——《佛說德光太子經》，T3.417b22-23

普通人「取法」，執著於我、世間萬物、阿耨多羅三藐三菩提等一切現象、名相為實有，產生「有得有說」的思維，陷入「常見」；有一定修行境界的人又「取非法」，執著於空為實有，產生「無得無說」的思維，墮入「斷見」。換而言之，有得有說，固不可說；無得無說，亦不可說。那麼，這是否意味着否定佛陀有所悟、有所證、有所說法呢？以上偈頌為我們解開了這一難題。佛陀如同世間良醫。學醫之人，通過多年努力，獲得醫學博士，僅僅是表明他所學的程度，並非有一個獨立於此人之外的「醫學博士」實物存在；同理，佛陀菩提樹下所悟證的「阿耨多羅三藐三菩提」，僅僅是方便說明他悟證的境界而已，並無一個獨立的「阿耨多羅三藐三菩提」存在。針對病人的病情，世間良醫對症下藥，才能藥到病除；同理，眾生的煩惱有千萬種，佛陀隨機說法，所以說「無有定法」。疾病痊癒後，病人應捨藥方；同理，眾生的煩惱去除後，不應執取所學之法不放，這是「如來所說法，皆不可取」的本義。由此觀之，佛陀並未否定一法，而是以「不應取法」、「不應取非法」引導人們了知「無相即實相」，這才是真正的般若精神。

依法出生分第八

須菩提！於意云何？若人滿三千大千世界七寶[1]以用布施，是人所得福德，寧為多不？

須菩提言：甚多，世尊！何以故？是福德，即非福德性。是故如來說福德多。

若復有人，於此經中，受持乃至四句偈等，為他人說，其福勝彼。何以故？須菩提！一切諸佛，及諸佛阿耨多羅三藐三菩提法，皆從此經出。

注釋

1 七寶：金、銀、琉璃、玻璃、硨磲、赤珠、瑪瑙。

譯文

佛陀說：須菩提！你意下如何？如果有人將充滿三千大千世界的所有七種珍寶，全部拿來進行佈施，你說這人所得的功德多不多？

須菩提回答道：多極了！佛陀。為甚麼說福德多呢？因為這樣的世間福德尚在有相的福德中，（並未走入無相的福德自性），如來才可以用多少來說福德果報。

佛陀又對須菩提說：（你所說固然不錯，但不要以為那人的福德就算大了！）假使另有人對於本經，不要說受持全部所得的功德，即使受持其中四句偈等，又能夠為他人解說，那麼此人所獲得的功德，更要勝過那人的佈施功德。甚麼緣故呢？須菩提！因為十方一切諸佛及諸佛具有的無上正等正覺的法，皆從此經緣生。

賞析與點評

一位老人拜訪友人，看見堆積如山的柴火離爐灶太近，於是便提醒主人應將柴火盡早搬走，否則會有火災隱患。主人因多年來都無事，對老人的提醒一笑了之。不久主人家裏果然失火，四周的鄰居趕緊跑來救火。事後，主人設宴感謝，救過火的人都成了座上客，唯獨缺少當初提醒他搬走柴火的那位老人。

這則故事告訴人們，財佈施固然有福德，卻遠不如法佈施。上文以三千大千世界七寶佈施校量，都不及講解、受持《金剛經》四句偈的功德大。因為經中的般若智慧，能啟發人的正知正見，健全人的品德，引導人向上，直至成佛作祖，獲得徹底的安樂，所以非財施可及！經中因而說，「一切諸佛，及諸佛阿耨多羅三藐三菩提法，皆從此經出。」

須菩提！所謂佛、法者，即非佛、法〔，是名佛、法〕。

譯文

須菩提！所謂的佛與法，都是佛的應化之身隨機說法，其名相僅僅是個概念，並非實有，如此理解，才是真正的佛與法。

賞析與點評

前文反覆強調：說無定說，得無定得。而上文則說，「一切諸佛，及諸佛阿耨多羅三藐三菩提法，皆從此經出」，似乎有佛果可成，有法可說。前後有點矛盾。為了化解初學般若法門人的疑慮，佛陀才說，「諸佛，是佛；阿耨多羅三藐三菩提，是佛所得法。」但有人因此而執著於佛與法的名相為實有，那就錯了！因為這都是隨順眾生方便而說，畢竟空中，的確是沒有菩提可證、沒有法可說。然而，正因為佛陀領悟到這一道理，才能獲得至高無上的果位，通達「法」的真實含意。

一相無相分第九

須菩提！於意云何？須陀洹[1]能作是念，「我得須陀洹果」不？

須菩提言：不也，世尊！何以故？須陀洹名為入流，而無所入；不入色、聲、香、味、觸、法，是名須陀洹。

注釋

1 須陀洹：譯為入流、預流，是聲聞四果中之初果，已斷除三界一切見惑，初得法眼之聖者。

譯文

佛陀又問：須菩提！你有甚麼看法？你認為證得須陀洹聖果的聖者，他會起這樣的想法和念頭：我能得須陀洹果嗎？

須菩提回答說：不會的，世尊！為甚麼呢？須陀洹的意思，即是入聖流，而實際又是無所入的，不執著於色、聲、香、味、觸、法六塵，覺悟到五欲六塵沒有甚麼可執著的，因此才叫作須陀洹。

賞析與點評

不少人認為，佛陀的聲聞弟子重在追求自身的解脫，注重果位的證得，依涅槃而住，看似有所住，很難理解證無可證、說無可說的般若思想。然而，須菩提通過自己親證四果的體驗，告知人們，眾生因執「我」為實有，產生身見、邊見、見取見、戒取見、邪見等不正確的知見，統稱「見惑」，由此而起惑造業，產生種種煩惱。修行之人首先通過「五蘊無我」的理論，去除我執，悟人空，去除見惑，產生正確的知見，標誌着進入聖人之流，故名「入流」，證得小乘初果——須陀洹果。由須陀洹的定義來看，如果修道之人仍有「我能得果」的想念，這本身足以說明他依然有「我見」，就沒有資格證得須陀洹。由此可見，證須陀洹果位的人能做到能證、所證皆空，契合般若離相法門。

須菩提！於意云何？斯陀含[1]能作是念，「我得斯陀含果」不？

須菩提言：不也，世尊！何以故？斯陀含名一往來，而實無往來，是名斯陀含。

須菩提！於意云何？阿那含[2]能作是念，「我得阿那含果」不？

須菩提言：不也，世尊！何以故？阿那含名為不來，而實無不來，是故名阿那含。

注釋

1 斯陀含：譯為一來果，一往天上、一來人間受生，方得究竟，至此以後，不再受生，是聲聞四果中之二果。

2 阿那含：斷盡欲界九品之惑，不再來欲界受生死，所以叫作不還，是聲聞四果中之三果。

譯文

佛陀接着問：須菩提！你有甚麼看法？證得斯陀含聖果的人，他會起這樣的想念：我能得斯陀含果嗎？

須菩提回答說：不會的，世尊！為甚麼呢？斯陀含的意思是一往來（簡稱一來），而實際不會想到此來彼去，因此才叫作斯陀含。

佛陀又問：須菩提！你有甚麼看法？證得阿那含聖果的人，他會起這樣的想念：我能得阿那含果嗎？須菩提回答說：不會的，世尊！為甚麼呢？阿那含的意思是「不來」（不再返回欲界），而實際上是沒有真實的不來者，因此才叫作斯陀含。

賞析與點評

當人的感覺器官、被感知的外界事物（如美色）和意識三者（根、塵、識）相接觸時，心隨境轉，隨之而產生貪、嗔、癡、慢、疑等不健康的思維，統稱「思惑」，是生死輪迴的根本。在初果斷除「見惑」的基礎之上，通過進一步的修行，人們可以斷除欲界之「思惑」，證得二果（斯陀含）、三果（阿那含）。換而言之，一個人只要有「我得斯陀含、阿那含」的想念，那只能說明他仍貪戀「有所得」，思惑未除，就沒有資格稱為二果、三果的聖人。如此觀之，見惑、思惑斷除後的聖者，已契入般若空性之理，絕不會生起「一來」、「不來」的分別概念。

須菩提！於意云何？阿羅漢[1]能作是念，「我得阿羅漢道」不？

須菩提言：不也，世尊！何以故？實無有法名阿羅漢。世尊！若阿羅漢作是念，「我得阿羅漢道」，即為著我、人、眾生、壽者。

注釋

1 阿羅漢：斷盡三界所有的見、思二惑，悟人空、法空，是聲聞乘中的最高果位。

譯文

佛繼續問：須菩提！你有甚麼看法？證得阿羅漢聖果的人，他會起這樣的想念：我已證得阿羅漢果嗎？

須菩提回答說：不會的，世尊！為甚麼呢？因為實際上並沒有甚麼法叫阿羅漢。世尊！如果阿羅漢生起「我已證得阿羅漢果位」的心念，那麼，就執著於自我的相狀、他人的相狀、眾生的相狀、壽命的相狀。

賞析與點評

斷盡三界所有的見、思二惑，悟人空、法空，方能證阿羅漢果，超出三界，不再受生死輪迴之苦。由此觀之，一個人只要有「我得阿羅漢道」的想念，這說明他仍然執著於我相、人相、眾生相、壽者相，就沒有資格稱為「阿羅漢」。反之，證得阿羅漢果位的人，因通達人空、法空之理，自然不會有「我為能證之人，阿羅漢果為所證之法」的分別概念，能、所雙亡，徹悟一切法的生滅不可得，才是通達性空離相的聖者。

世尊！佛說我得無諍三昧[1]，人中最為第一，是第一離欲阿羅漢。世尊！我不作是念，「我是離欲阿羅漢」。世尊！我若作是念，「我得阿羅漢道」，世尊則不說須菩提是〔樂阿蘭那行者[2]〕，以須菩提實無所行，而名須菩提，是樂阿蘭那行。

注釋

1 無諍三昧：通達無我相、人相、眾生相，與人無諍，處處隨順眾生。

2 阿蘭那：適合修行的安靜場所，後多指佛寺。

譯文

須菩提依自己的體驗說：世尊曾這樣讚歎我，說我在諸大弟子之中，所得的無諍三昧最為第一，我是第一離欲（諸煩惱）的大阿羅漢。可我從來沒有這樣想：我是離欲的大阿羅漢，我能得無諍三昧。假使我這樣隨相執著，那就是還在我見、法見、非法見的生死界中，佛也就不會說我是一個樂於用功修習阿蘭那行的人了。反之，因為不執著實有無諍三昧可得可修，世尊才讚歎我行阿蘭那行呢！

賞析與點評

上文從羅漢四個果位的定義，說明聲聞聖者已能悟得能證所證皆空的般若空性。須菩提唯恐眾生心中仍有疑慮，便以自己悟證羅漢果的體驗作進一步的論證。須菩提因悟「無諍三昧」而得第一離欲阿羅漢的美名。一方面，須菩提在修道的過程中，覺得現實人生已經是夠苦的了，怎麼可以再與這些受盡苦難的人爭論，加深他們的痛苦呢？如此修行，大悲心生起，以「無緣大慈、同體大悲」之心廣度眾生，證得「無諍三昧」，通達法無自性，一切都是相依相緣的假名而來，還有甚麼可諍與無諍呢？由此而悟入離「無諍三昧」之相，證得羅漢果。

莊嚴淨土分第十

佛告須菩提：於意云何？如來昔在燃燈佛所[1]，於法有所得不？

不也，世尊！如來在燃燈佛所，於法實無所得。

注釋

1 燃燈佛：過去佛，曾為釋迦牟尼授記，「過後九十一劫，等你修滿三阿僧祇時，你應當作佛，號釋迦牟尼。」

譯文

佛陀再問須菩提：你有怎樣的看法？我從前在修菩薩行時，在燃燈佛的法會中，有沒有實在的法可得？

須菩提回答：沒有的，世尊！如來往昔在燃燈佛前，實際未得到任何妙法。

賞析與點評

上文論及聲聞乘人通過修行，尚能悟人空、法空，於相離相，證得聖果，降伏有所證、有所得之心，於般若空慧中生起信心。那麼菩薩是如何於般若空慧中降伏其心，證得聖果的呢？本段從授記、傳法入手，說明釋迦牟尼佛並未從燃燈佛處「取得」任何法。以六祖惠能為例，他原是嶺南一個樵夫，因為賣柴，路過街道，聽到一戶人家念《金剛經》，心有所悟。後經五祖弘忍大師八個月的調教，悟境日增。他的悟道偈就是最好的證明，「菩提本無樹，明鏡亦非台。本來無一物，何處惹塵埃。」隨後五祖弘忍又為他專講《金剛經》，至「應無所住而生其心」而大悟。

由此觀之，惠能之所以有資格繼承五祖的衣缽，並非因為五祖給他傳了甚麼法，而是通過弘忍的調教，惠能已達到了無生法忍的境界，經弘忍印可而成六祖。換而言之，所謂授記、傳法，是千聖不傳的傳。同樣，因釋迦牟尼佛已悟證無生法忍，得燃燈佛的驗證，才為他授記。因此說，「如來在燃燈佛所，於法實無所得。」

須菩提！於意云何？菩薩莊嚴佛土[1]不？

不也，世尊！何以故？莊嚴佛土者，則非莊嚴，是名莊嚴。

是故，須菩提！諸菩薩、摩訶薩應如是生清淨心，不應住色生心，不應住聲、香、味、觸、法生心，應無所住而生其心。

注釋

1 莊嚴佛土：菩薩立大願，實踐六度萬行功德、四攝的善行，成就莊嚴的佛國淨土。

譯文

佛陀接着問：須菩提！你有怎樣的看法？菩薩有沒有莊嚴清淨佛土呢？

須菩提回答：沒有的，世尊！為甚麼呢？因為所謂莊嚴佛土，是緣起的有，空無自性，所以說即非莊嚴；然而無自性的空，並不破壞緣起施設，世出世法一切是宛然而有的，所以隨俗說是名莊嚴。

佛陀說：所以，須菩提！諸位大菩薩都應當像這樣生起清淨心，不應該對眼識所見的種種色法生起執著心，也不應於聲、香、味、觸及法等塵境生起執著心，應該於了知無任何所緣可執著中生起離一切邊執的清淨心。

賞析與點評

如果法無可傳，佛不可求，那麼是否意味着不必莊嚴佛土？而得無生法忍的菩薩通過莊嚴佛土才能度化眾生到清淨莊嚴的佛土。沒有莊嚴的佛土，菩薩如何行利他的事業？佛陀以「唯心莊嚴」釋之。《攝大乘論釋》云，比如水，鬼見水是膿血，魚見水是住處，人見水是水，天人見水是琉璃。眾生隨其境界不同，見水相則不同。（T31.244a27-b1）同理，同樣是一個國土，煩惱眾生見到的是五濁惡世，而在菩薩清淨心中顯現出來的則是莊嚴佛土，哪裏有一個固定不變的莊嚴佛土呢？正如《維摩經》說，「若菩薩欲得淨土，當淨其心；隨其心淨，則佛土淨。」（T14.538c05）《樂邦遺稿》亦云，「淨土唯心，我心既淨，則國土淨。」（T47.240b17）

從本經開頭到現在，須菩提一直在向佛陀請教應如何降伏其心，至此，終於有了答案：當心與聲、香、味、觸、法六相接觸時，應無所住而生其心，心則不會被外境所污染，清淨心自然生起，當下就是莊嚴的淨土，不必他求。

須菩提！譬如有人，身如須彌山王，於意云何？是身為大不？

須菩提言：甚大，世尊！何以故？佛說非身，是名大身。

譯文

須菩提！譬如菩薩的法性真身，像須彌山王那樣高大莊嚴，你以為大不大呢？

須菩提回答：這當然大得很！世尊！為甚麼呢？（未證諸法如實相的菩薩，他的身體是眾緣和合而成的），佛陀說它是非身；（一旦領悟其中之意，從大悲願力與功德善業所集成的法性真身），非常殊勝莊嚴，所以名為大身。

賞析與點評

修菩薩行，得依、正莊嚴。一般人認為報身必居實土，因而會問，若無廣大無邊的莊嚴佛土，菩薩的莊嚴法身何處可居？法身無依，困擾着無數修行人。佛陀以法身非身釋之。「溪聲便是廣長舌，山色豈非清淨身。夜來八萬四千偈，他日如何舉似人。」蘇東坡的這首詩形象地道出了「佛陀說非身，是名大身」的原委。未證諸法實相的菩薩，他的身體，不過較我們強健、莊嚴，還是同樣的肉身。一旦悟入緣起性空之理，菩薩的法性身無處不在。聽流水潺潺，賞落花片片，是菩薩的法性身在說無常變化的真理；觀青山、萬物，是菩薩的法性身在說緣生緣滅的道理。如此觀之，菩薩的法性身盡虛空，遍法界，大如須彌山，而又無固定的相狀，因此，「佛說非身，是名大身。」

無為福勝分第十一

須菩提！如恆河中所有沙數[1]，如是沙等恆河，於意云何？是諸恆河沙寧為多不？

須菩提言：甚多，世尊！但諸恆河，尚多無數，何況其沙！

須菩提！我今實言告汝：若有善男子、善女人，以七寶滿爾所恆河沙數三千大千世界，以用布施，得福多不？

須菩提言：甚多，世尊！

佛告須菩提：若善男子、善女人，於此經中，乃至受持四句偈等，為他人說，而此福德，勝前福德。

注釋

1 恆河：自遠古以來一直是印度教徒的聖河，長約兩千五百一十公里，兩岸沙粒極細，其量無法計算。佛經中常以恆河沙數來形容無法計算之數。

譯文

佛陀說：須菩提！像恆河中所有的無可計數的沙數，假如像這條河中沙粒數目一樣多的恆河，你有甚麼看法？所有恆河中的塵沙加在一起，你認為那沙子算不算多呢？

須菩提回答：非常多，世尊！僅僅是恆河之沙那麼多的恆河已是無可計數，何況所有河中的沙子的數量呢？

佛陀說：須菩提！我今天實實在在地以真實語向你宣說，如果有善男子、善女人，用遍滿上述所有恆河沙數那麼多的三千大千世界的七寶，來進行佈施，他們所獲得的福報功德多不多？

須菩提回答：非常多，世尊！

佛進一步告訴須菩提：如果有善男子、善女人，能對此經信受奉持，甚至只是受持其中的四句偈，並向他人講解演說，其所獲得的福德勝過前面所說以滿恆河沙數那麼多的三千大千世界的七寶作佈施的福德。

賞析與點評

《維摩詰所說經》云，「先以欲鉤牽，後令入佛道。」（T14.550b07）現實社會中，急功近利者多。深知人性的佛陀，反覆展示般若法門不可思議的功德，以增長人們學習般若法門的信心與動力。上一次校量功德時，佛陀以一個三千大千世界的七寶用來佈施作比較，這次佛陀以恆河沙數的大千世界的七寶用來佈施作比較，說明一個人若能領悟《金剛經》的內容，功德極大，大到令人難以想像，這說明學修般若之不可思議，反覆勸發信心。

尊重正教分第十二

復次，須菩提！隨說是經，乃至四句偈等，當知此處，一切世間天、人、阿修羅，皆應供養，如佛塔廟，何況有人，盡能受持、讀誦！須菩提！當知是人，成就最上第一希有之法！若是經典所在之處，即為有佛，若尊重弟子。

譯文

佛陀接着又說：再次，須菩提！能夠觀機隨緣地向他人宣說此經，甚至只是講解經中的四句偈而已，那麼應當知道此講經之處，一切世間所有的天、人、阿修羅，都應該前來護持、恭敬供養，就如同供養佛塔廟宇一樣，更何況有人能夠完全信受奉行、誦讀這部經。須菩提！當知此人已成就最無上第一稀有的無上菩提。這部經典所在之處，那裏就會有佛，尤如尊重佛的弟子（舍利弗、目犍連、阿難等）那樣尊重《金剛經》。

賞析與點評

佛在世時，佛在哪裏，般若在那裏；佛陀去世後，般若在哪裏，佛在那裏。而《金剛經》讓人們領悟般若智慧，如同佛陀親臨說法，等同佛陀的法身，因此說，「若是經典所在之處，即為有佛」，理應以尊重佛陀的方式重視《金剛經》。

如法受持分第十三

爾時，須菩提白佛言：世尊！當何名此經？我等云何奉持？

佛告須菩提：是經名為《金剛般若波羅蜜》，以是名字，汝當奉持。所以者何？須菩提！佛陀說般若波羅蜜，即非般若波羅蜜，是名般若波羅蜜。須菩提！於意云何？如來有所說法不？

須菩提白佛言：世尊！如來無所說。

譯文

這時候，須菩提向佛陀請示：世尊！我們應當怎樣稱呼這部經？我們又應該怎樣受持奉行這部經呢？

佛陀告訴須菩提：這部經就取名為《金剛般若波羅蜜》，以此名稱，你應當奉持。為甚麼呢？須菩提！因為佛所說的般若波羅蜜，並不是實有的般若波羅蜜，而在名相上稱之為般若波羅蜜。須菩提！你認為如何？如來說過甚麼法嗎？

須菩提回答道：世尊！如來沒有說過甚麼法。

賞析與點評

孔子說，「朝聞道，夕死可矣！」上文重在破除人們對現象世界的各種執著，自本段起重在破除人們對化法、化處、化主名相的執著，得法空。如來所說之法，尤如燃燒的火，發出智慧之光。火是物質燃燒過程中散發出光和熱的現象，並沒有固定不變的實體叫「火」，這種對「火」的理解，是破除對「火」這種物質現象的執著；人們口頭上說小孩玩「火」很危險，在這種語境下的「火」只是名相，並不代表真實有火。否則，火從口出時，嘴唇就會被烤焦。同理，佛陀把以上所說的法稱之為「般若波羅蜜」，如果有人執著於這一名相為真理，則墮入法執。「般若波羅蜜」的本義，只能心悟，不能言傳。所以說，「如來無所說」。如果有人誤把《金剛經》中的經文當真理，唐古靈禪師則有如下忠告：「空門不肯出，投窗也太癡；百年鑽故紙，何日出頭時？」

須菩提！於意云何？三千大千世界所有微塵[1]，是為多不？

須菩提言：甚多，世尊！

須菩提！諸微塵，如來說非微塵，是名微塵；如來說世界，非世界，是名世界。

注釋

1 微塵：為了說明萬法皆空的道理，一切有部通過分析法，認為宇宙萬物是由極微組成，七極微為一微塵。佛經中經常以「微塵」比喻量極小，以「微塵數」比喻數極多。

譯文

佛陀再問：須菩提！你是怎麼想的？你認為三千大千世界裏所有的微塵，算不算多呢？

須菩提答：非常多，世尊！

佛陀說：須菩提！所有的微塵，如來說它不是微塵，才假名叫作微塵。如來說世界即是非世界，並非實有世界，只是假名為世界而已。

賞析與點評

「中國」確實是一個地域概念，但若有人因而把「中國」看成是一個固定不變的實體，則是認知上的錯誤，因「中國」的含意隨唐、宋、元、明、清之更替而不同。同理，三千大千世界是一尊佛的教化區。若有人因而將「三千大千世界」看成是一個固定不變的實體而加以執著，則是錯誤的，因為每一尊佛因其福德、因緣之不同而形成自己特定的教化區，並無一個永恆不變的「三千大千世界」實體讓我們去執著。

須菩提！於意云何？可以三十二相[1]見如來不？

不也，世尊！不可以三十二相得見如來。何以故？如來說三十二相，即是非相，是名三十二相。

注釋

1 三十二相：佛陀報身（智慧成就所得身）從頭至足的三十二種圓滿相好。

譯文

須菩提！你認為如何？是否可以通過三十二相而見到說法的如來？

須菩提答：不可以，世尊！不可以通過三十二相而見到說法的如來。為甚麼呢？如來所說的三十二相，並沒有固定相可得，不過是如幻如化的莊嚴身相，名為三十二相罷了。

賞析與點評

佛陀在前面問，「可以身相見如來不？」重點在破除聽者對如來應身（色身）的執著，而此處佛陀問，「可以三十二相見如來不？」重點闡明說法主如來莊嚴相不可得。如同講師的學術成果到達一定程度時，被授予教授職稱，這僅僅是對這位講師知識結構的認同，並非有一個永恆不變的「教授」存在。同理，菩薩智慧、福德積累到一定的程度時，修得三十二相的報身，這僅僅是衡量一個人修行程度的方便說法，並非有一個固定不變的三十二相讓我們來執著，更不應把三十二相與佛劃等號。

須菩提！若有善男子、善女人，以恆河沙等身命布施，若復有人，於此經

中，乃至受持四句偈等，為他人說，其福甚多！

譯文

佛陀說：須菩提！如果有善男子、善女人，以恆河沙數那樣多的身體和生命來佈施，又如果再有人，能信受奉持這部經，甚至只是經中的四句偈而已，並廣為他人宣說，他得到的福報功德就更多了。

賞析與點評

這是第三番校德：生命的奉獻比上次校德時所用的七寶佈施要珍貴得多，以此說明因法空比人空讓人更難理解，為他們講解時所得功德自然要大得多。

離相寂滅分第十四

爾時，須菩提聞說是經，深解義趣，涕淚悲泣，而白佛言：希有，世尊！佛陀說如是甚深經典，我從昔來所得慧眼[1]，未曾得聞如是之經。世尊！若復有人得聞是經，信心清淨，即生實相[2]，當知是人成就第一希有功德。世尊！是實相者，即是非相，是故如來說名實相。

注釋

1 慧眼：照見諸法真相之眼。

2 實相（dharmat）：宇宙間一切事物都是因緣（條件）組成、變化無常的，都沒有永恆的、固定不變的自體，這就是諸法實相，又叫本體、實體、真相、本性、一如、實性、真性、涅槃、無為。

譯文

這時候，須菩提聽了這部經，深深理解了經文的要義，禁不住感激涕零地對佛陀說：稀有！稀有！如來所說的甚深微妙法門，我從過去所得慧眼以來，未曾聽說過這樣甚深的法門。世尊！如果有人聽聞了這樣的經義，而能生起清淨的信心，即能證悟萬法實相，應該知道此人已經成就了最殊勝稀有的功德。世尊！這個真如實相，並不是真實的真如實相，所以如來才說它假名為實相。

賞析與點評

佛經云：「雖有多聞，不制煩惱，不能自利，徒無所用。譬如死人，著金瓔珞。」須菩提及與會大眾聽聞佛陀宣講人空、法空教義之後，深解義趣，進入力行實踐階段：讚歎稀有、生清淨信心、安忍精進，自己受持，並為他人演說，這是菩薩起修的重要內容。本段把「讚歎稀有」看成是修菩薩行的起點。「無上甚深微妙法，百千萬劫難遭遇，我今見聞得受持，願解如來真實義。」據說，《華嚴經》翻譯完成後，呈送給武則天看，她讀後十分歡喜，就題了這四句「開經偈」，說明對所學之法生起稀有難得之心，才會努力去修。

世尊！我今得聞如是經典，信解受持，不足為難。若當來世後五百歲，其有眾生得聞是經，信解受持，是人即為第一希有。何以故？此人無我相、無人相、無眾生相、無壽者相。所以者何？我相即是非相；人相、眾生相、壽者相即是非相。何以故？離一切諸相，即名諸佛。

佛告須菩提：如是，如是！若復有人，得聞是經，不驚、不怖、不畏，當知是人甚為希有。何以故？須菩提！如來說第一波羅蜜[1]，即非第一波羅蜜，是名第一波羅蜜。

注釋

1 第一波羅蜜：六波羅蜜中以般若波羅蜜為前導，最為殊勝，所以稱「第一波羅蜜」。

譯文

世尊！我今日能夠親聞佛陀講這部經典，理解其義並受持此經不算難得稀有。如果到了後世的第一個五百年後，有眾生聽聞這微妙經義，並能信受奉持，此人才是非常稀有難得的。為甚麼呢？因為此人已沒有對自我相狀、他人相狀、眾生相狀和壽命相狀產生執著。為甚麼是這樣呢？因為他已經了悟我相本非真實，人相、眾生相、壽者相也一樣本非真實。為甚麼呢？遠離一切對虛妄之相的執著，就可以稱之為佛了。

佛陀告訴須菩提說：是這樣的，是這樣的。如果有人聽聞這部經典，而能夠不驚疑、不恐怖、不生畏懼，應當知道此人是非常殊勝稀有的。為甚麼呢？須菩提！如來所說的第一波羅蜜，實即並非實有的第一波羅蜜，只是假名的第一波羅蜜。

賞析與點評

希臘哲學家赫拉克利特曾說過，「人一生不能兩次踏進同一條河。」雖然長江、黃河的名稱並沒有變，但河中的水在不斷流淌，水中魚兒在游，水上船在走，第二次踏進同一條河時已不是上一次踏入的河流了。覺知此河非彼河，才能真正了知河流的真相。同理，無論是生於何種時代的人，一旦領悟我相、人相、眾生相、壽者相皆無固定的相讓我們去執著，即可通達「一切法不生則般若生」（《大方廣佛華嚴經隨疏演義序》，T36.68a29）的道理，聽到「實相非相」的妙法，心中自然不驚、不怖、不畏，而生清淨信心。至此，真實的信仰才算建立起來。

須菩提！忍辱波羅蜜，如來說非忍辱波羅蜜，是名忍辱波羅蜜。何以故？須

菩提！如我昔為歌利王[1]割截身體，我於爾時，無我相、無人相、無眾生相、無壽者相。何以故？我於往昔節節支解時，若有我相、人相、眾生相、壽者相，應生瞋恨。

注釋

1 歌利王：梵名 Kalingaraja 或 Kaliraja，譯為惡世王等，曾於佛陀修菩薩道時因瞋恨肢解世尊。

譯文

須菩提！所謂的忍辱波羅蜜，如來說並非實有的忍辱波羅蜜，只是假名的忍辱波羅蜜。為甚麼呢？須菩提！比如我過去被歌利王用刀肢解身體，我在當時就沒有心存自我的相狀、他人的相狀、眾生的相狀和壽命的相狀。為甚麼這樣說呢？如果我當時被節節肢解時，在心中執著我的相狀、他人的相狀、眾生的相狀和壽命的相狀，就必定會生起嗔恨的心。

賞析與點評

在於世界中，從非怨止怨，

唯以忍止怨；此古聖常法。

——《南傳法句經》

現實生活中，當我們無緣無故地受到別人的誤解、漫罵、侮辱、迫害時，普通人的做法是「君子報仇，十年不晚」，仇恨的種子因而被深深地埋藏在內心。即使等到報仇的機會，又會帶來新一輪的報復，冤冤相報，永無了期。佛教從三世因果引導人們看透仇恨的前因後果，便能以包容、慈悲心化解內心的仇恨。譬如說，佛陀於過去世為忍辱仙人時，歌利王無道。一日，他率宮人出遊，遇忍辱仙人於樹下坐禪。隨行宮女趁國王休息時，聽忍辱仙人講法，無限歡喜。國王見之，心中生起嗔恨心，砍下仙人的手腳，看他是否能忍。當時，仙人毫無怨恨，神色不變，不但不嗔恨，反而對國王生起大悲心。唯有難忍能忍，才能成為大丈夫。

須菩提！又念過去，於五百世作忍辱仙人，於爾所世，無我相、無人相、無眾生相、無壽者相。是故，須菩提！菩薩應離一切相，發阿耨多羅三藐三菩提心，不應住色生心，不應住聲、香、味、觸、法生心，應生無所住心[1]。若心有

住，即為非住。是故，佛說「菩薩心不應住色布施」。須菩提！菩薩為利益一切眾生，應如是布施。如來說一切諸相，即是非相；又說：一切眾生，即非眾生。

注釋

1 無所住心：於諸法上念念不住，即是無住。

譯文

須菩提！我回想起我在過去五百世做忍辱仙人時，那時，我就不執著於自我的相狀、他人的相狀、眾生的相狀和壽命的相狀。所以，須菩提！菩薩應該捨離所有一切的相狀，發無上正等正覺的菩提心。不應該執著於色塵而產生心念，不應該執著於聲、香、味、觸、法諸塵而產生心念，應當生起無所執著的清淨心。如果心中有所執著，就無法做到無住而生其心了。所以，佛陀說「菩薩的心念不應該執著於色相而佈施」。須菩提！菩薩為了利益一切的眾生，應當如此進行佈施。如來說一切所有的形相都是因緣聚合的假名形相，又說一切所有的眾生也不是真實的眾生。

賞析與點評

忍受人世間迫害、欺淩、以怨報德等不平事所帶來的痛苦，叫生忍；忍受大自然的各種災難、與生俱來的生老病死苦以及工作壓力、心靈壓力所帶來的苦，叫法忍。俗話說得好，忍字頭上一把刀。因強忍而帶來的負面情緒若得不到及時的疏導，遲早都會如同火山一樣，積壓越久，爆發出來的威力就越大。化解這種危機的關鍵就是悟證無我相、無人相、無眾生相、無壽者相，通達一切法不生不滅的智慧，得「無生法忍」，方能心甘情願地行無相佈施。從這種意義上講，安忍精進、無相佈施是菩薩行的重要內容。

須菩提，如來是真語者、實語者、如語者、不誑語者、不異語者。須菩提，如來所得法，此法無實無虛。須菩提，若菩薩心住於法而行布施，如人入闇，則無所見。若菩薩心不住法而行布施，如人有目，日光明照，見種種色。須菩提！當來之世，若有善男子、善女人，能於此經受持、讀誦，即為如來，以佛智慧，悉知是人，悉見是人，皆得成就無量無邊功德。

譯文

須菩提！如來是講真話的人，講實話的人，講真理的人，而不是說謊話的人、不是講怪異話的人。須菩提！如來所證得的法，既非實有又非虛無。須菩提！如果菩薩心裏執著於法相而行佈施，就會好像人進入黑暗中甚麼也看不到。如果菩薩心裏不執著於法相而行佈施，就好像人有雙眼，在日光的照耀下，能一清二楚地看見各種色法一樣。須菩提！未來之世，如果有善男子、善女人，能對這部經信受奉行和誦念受持，如來憑佛無礙的智慧可以悉知這種人，也可以悉見這種人，一定能成就無量、無邊、無盡的功德。

賞析與點評

為了證得聖果而行有相佈施，發心的動機是自私的。這種形式的修行，難以見到實相非相的妙法，在知見上仍會在黑暗中摸索；若「心不住法而行布施」，佈施便與般若相應，產生般若正觀，達到自性空而離相生清淨心，是自己受持《金剛經》的要點，進而為他人演說「離相發心」、「無相佈施」、「實相非相」的妙法，引導人們學會「應無所住而生其心」的修行法門，自然會獲得無量功德。

持經功德分第十五

須菩提！若有善男子、善女人，初日分以恆河沙等身布施，中日分復以恆河沙等身布施，後日分[1]亦以恆河沙等身布施，如是無量百千萬億劫[2]，以身布施；若復有人，聞此經典，信心不逆，其福勝彼。何況書寫、受持、讀誦、為人解說！

注釋

1 初日分、中日分、後日分：猶言一天中的上午、中午、晚上三個時段。約十點鐘以前為初日分，十點到下午二點為中日分，二點鐘以後是後日分。

2 劫：古代印度的時間單位，佛教沿用之。泛指極長的時間。佛教對於「時間」的觀念，以劫為基礎，來說明世界生成與毀滅的過程。

譯文

佛陀說：須菩提！如果有善男子、善女人，上午以恒河沙數那樣多的生命來佈施，中午也以恒河沙數那樣多的生命來佈施，下午也同樣以恒河沙數那樣多的生命來佈施，如此經百千萬億劫都沒有間斷過以生命來佈施。如果又有一個人，聽聞了此經典，生起不退的信心，他所得的福德勝過前述以生命佈施的人，更何況抄寫經文、信受奉行、閱讀背誦、為他人解說呢！

賞析與點評

這是第四番校德，以恒河沙數來形容為眾生所奉獻的生命，福德自然很大，以此來比較對《金剛經》生起不退轉的心後，為眾生演講，功德極大。

須菩提！以要言之，是經有不可思議、不可稱量無邊功德。如來為發大乘者說，為發最上乘者說。若有人能受持、讀誦、廣為人說，如來悉知是人，悉見是

人，皆得成就不可量、不可稱、無有邊、不可思議功德。如是人等，即為荷擔如來阿耨多羅三藐三菩提。何以故？須菩提！若樂小法者[1]，著我見、人見、眾生見、壽者見，則於此經不能聽受、讀誦、為人解說。須菩提！在在處處，若有此經，一切世間天、人、阿修羅所應供養，當知此處，即為是塔，皆應恭敬作禮圍繞，以諸華香而散其處。

注釋

1 小法者：修四諦、緣起法，以自我解脫為目的人。

譯文

須菩提！簡要言之，此經具有不可思議、不可估量、無邊、無際的功德。如來本為發心度眾生的大乘人而說，為發見性成佛的最上佛乘的眾生而說。如果有人能信受持行、閱讀背誦、廣為他人宣說，如來可以悉知這個人，也可以悉見這個人，一定能成就不可衡量、不可稱計、無邊無際、不可思議的功德。這樣的人，就擔當得起如來無上正等正覺的家業。為甚麼呢？須菩提！一般樂於小乘佛法的人，會執著於自我相狀、他人相狀、眾生相狀和壽命相狀，對於此經典他們不會聽聞信受、閱讀背誦、廣為他人宣說。

須菩提！無論何時何地，只要有這部經典，一切世間的天神、人類、阿修羅都應該於此虔誠供養。應當知道此經所在之處即等於是佛塔的所在地，就應恭恭敬敬圍繞示禮，以各種芳香的花朵和細香散於其四周，虔誠地供養。

賞析與點評

有我見、人見、眾生見、壽者見的人，根本無法領悟《金剛經》的奧妙，更不用說對該經生起信心了。只有領悟人空、法空的上乘根機之人，才能領悟該經的妙用，生起信心，為他人演講，如同代佛說法，功德自然很大。

能淨業障分第十六

復次，須菩提！若善男子、善女人受持、讀誦此經，若為人輕賤，是人先世罪業，應墮惡道。以今世人輕賤故，先世罪業，則為消滅，當得阿耨多羅三藐三菩提。

譯文

佛陀接着又說：再次，須菩提！如果有善男子、善女人能對這部經信受奉行和讀誦受持，反而受人輕賤，是因為這個人前世所造的罪業本應該墮入惡道，而因為現世被世人所輕賤，他前世的罪業就因此而消除，他也可以證得無上正等正覺。

賞析與點評

前世、今生作下的孽障，成為生命幸福、事業成功的障礙。諸事不順時，受持《金剛經》能消除業障。這是因為已體會到「無我」，便會看開許多，生命的軌跡隨之而改變。

須菩提！我念過去無量阿僧祇劫[1]，於燃燈佛前，得值八百四千萬億那由他[2]諸佛，悉皆供養承事，無空過者。若復有人，於後末世，能受持、讀誦此經，所得功德，於我所供養諸佛功德，百分不及一，千萬億分，乃至算數、譬喻所不能及。

須菩提！若善男子、善女人於後末世，有受持、讀誦此經，所得功德，我若具說者，或有人聞，心則狂亂，狐疑不信。須菩提！當知是經義不可思議，果報亦不可思議。

注釋

1 阿僧祇（asaṃkheya）：印度數目之一，意謂無量數或無窮極之數。

2 那由他（nayuta）：數目名，指極大之數，有說是相等於今天的百億，也有說是千億，或更大之數。

譯文

須菩提！我想起過去無量無盡的劫前，在燃燈佛應化之前，曾遇到過八百四千萬億那由他的佛，我全都一一親承供養，一個也沒有錯失過。如果有人於未來之世，能夠受持、讀誦此經，他所得到的功德，和我過去供養諸佛的功德相比，我不及他百分之一，千萬億分之一乃至數字、譬喻都無法達到的無數分之一。須菩提！如果有善男子、善女人在未來世中，能夠受持、讀誦此經，他所得到的功德，我如果一一具體細説，也許有的人聽到後會心慌意亂，狐疑而不相信。須菩提！應當了知此經的內容意義是不可思議的，所得到的果報也是不可思議的。

賞析與點評

佛陀最後以自己悟解空的心路歷程告誡人們，他在修菩薩行的時候曾供養過八百四千萬億那由他的佛，所得功德應該是大得無法想像，可還不及受持《金剛經》所得的功德大，能幫助我們消除過去世和今生今世所作的罪業。這是因為通過讀誦《金剛經》，已體會到「無我」的道理，既然是「無我」，冤家債主就無法影響到你了。

中卷：心不染一法

本篇導讀——

《金剛經》第一部分重點以「於相離相」破除人們對現象世界萬有、名言、概念的執著。然後能破除這種執著的人與破除執著後的聖果卻成了人們新的執著。從「究竟無我分第十七」到「福智無比分第二十四」為《金剛經》的第二部分，引導人們內心不住於「能得」與「所得」，於念離念，一塵不染，徹底降伏其心。正如《六祖壇經》云：「若見一切法，心不染著，是為無念。」

究竟無我分第十七

爾時，須菩提白佛言：世尊！善男子、善女人，發阿耨多羅三藐三菩提心，云何應住？云何降伏其心？

譯文

這時候，須菩提向佛陀請示道：世尊！善男子、善女人已經發心求無上正等正覺，他們的心念該如何安住？應如何降伏他們的迷妄心呢？

賞析與點評

《金剛經》第一部分開頭，針對執有迷空的眾生，須菩提的提問是「應云何住？」重點在於相離相，以降伏執相的虛妄心；而本處則是「云何應住？」字數一樣，但詞序不同，重在對已降伏其心的人如何實踐「無所住而生其心」，普度眾生。

佛告須菩提：善男子、善女人發阿耨多羅三藐三菩提者，當生如是心，「我應滅度一切眾生，滅度一切眾生已，而無有一眾生實滅度者。」何以故？須菩提！若菩薩有我相、人相、眾生相、壽者相，即非菩薩。所以者何？須菩提！實無有法，發阿耨多羅三藐三菩提者。

譯文

佛陀告訴須菩提說：善男子、善女人中凡發心求無上正等正覺者，應當生起這樣的心志。「我應該度化一切眾生，如此度化了一切眾生，而實際上並沒有一個眾生被度脱。」為甚麼呢？須菩提！如果菩薩執著自我的相狀、他人的相狀、眾生的相狀和壽命的相狀，就不是真正的菩薩。為甚麼這樣呢？須菩提！實際上並沒有一種法，名為發心求無上正等正覺者。

賞析與點評

《金剛經》第一部分開頭發心的重點是為了我想成佛而發心普度眾生，因仍有我想而發心。本段多了「實無有法發阿耨多羅三藐三菩提心者」一句，其含意是外觀所度化的眾生不可得，更能反觀自身，通曉能發心能度化眾生的菩薩——我也不可得，能所雙亡，悟入諸法畢竟空寂的境界，物我一體，無緣大慈、同體大悲的心生起。正如《維摩詰經》說：「以眾生病，故我有病。」如同母親看到愛子生病一樣，菩薩看到他人受苦，心有不忍，大悲心生起，發願救度一切受苦的人。這種從畢竟空中，生起無緣大悲心，發心為一切苦難眾生服務，而不是為自己，這才是真發菩提心。

須菩提！於意云何？如來於燃燈佛所，有法得阿耨多羅三藐三菩提不？

不也，世尊！如我解佛所說義，佛於燃燈佛所，無有法得阿耨多羅三藐三菩提。

佛言：如是！如是！須菩提！實無有法，如來得阿耨多羅三藐三菩提。須菩提！若有法如來得阿耨多羅三藐三菩提者，燃燈佛則不與我授記[1]，「汝於來世當得作佛，號釋迦牟尼。」以實無有法，得阿耨多羅三藐三菩提，是故燃燈佛與我授

記，作是言，「汝於來世，當得作佛，號釋迦牟尼。」何以故？如來者，即諸法如義。若有人言，「如來得阿耨多羅三藐三菩提」。須菩提！實無有法，佛得阿耨多羅三藐三菩提。須菩提！如來所得阿耨多羅三藐三菩提，於是中無實無虛。是故，如來說一切法，皆是佛法。須菩提！所言一切法者，即非一切法，是故名一切法。

注釋

1 授記：諸佛對發大心的眾生預先記名，某世證果，及其國土、名號，而予以記別。最著名的例子有釋尊於過去世得燃燈佛之授記；法藏比丘得世自在王佛授記，而成阿彌陀佛。

譯文

須菩提！你認為如何？如來在燃燈佛那裏，有沒有得到一種法叫作無上正等正覺的？

須菩提回答道：沒有的，世尊！依據我對佛陀所講的教義的理解，佛陀在燃燈佛那裏，並沒有甚麼佛法可以得到無上正等正覺的。

佛答覆說：是這樣，是這樣。須菩提！實際上並沒有甚麼佛法可以使如來得到無上正等正覺的。須菩提！如果有佛法使如來得到無上正等正覺，燃燈佛就不會為我授記：「你在未來世必當成佛，名釋迦牟尼。」正因為並沒有佛法使如來得到無上正等正覺，所以燃燈佛才會為我授記，並這樣說：「你在未來世必當成佛，名號為釋迦牟尼。」為甚麼呢？所謂如來，即是諸法如如的本義，一切諸法體性空寂。如果有人說，「如來證得了無上正等正覺果位」。須菩提！實際上並沒有佛法使佛可證得無上正等正覺。須菩提！如來所證得的無上正等正覺，於彼中既不是實有，也不是虛無。所以，如來說一切諸法都是佛法。須菩提！所說的一切法，都不是一切法，所以才叫作一切假名的法。

賞析與點評

本段講述得法不住。韓愈在《師說》云，「師者，傳道授業解惑也。」再好的老師，也不可能一下子把標誌着本科畢業的知識打包灌入學生的大腦中。這需要學生自己一步步努力，逐步積累本科畢業所需的知識，才能通過考試，獲得畢業文憑。同理，釋迦牟尼跟隨燃燈佛學習時，根本不可能一下子傳授給他「阿耨多羅三藐三菩提」的大法。如果燃燈佛果真有這個本領這麼做了，就不需要再為他授記了，因為他已經是佛了。正因為燃燈佛看到釋迦牟尼已覺悟「我法性空」，不見有能得、所得，離一切相，燃燈佛印證了他的境界可以成佛，這才為他授記，預言他將來一定能悟「阿耨多羅三藐三菩提」法，證佛果。所以說，只有了知「阿耨多羅三藐三菩提」不能說是實有，也不能說是虛妄，才是真正覺悟無上正等正覺的佛果。

須菩提！譬如人身長大。

須菩提言：世尊！如來說人身長大，則為非大身，是名大身。

譯文

須菩提！譬如說人的身形高大。

須菩提回答說：世尊！如來說人的身形高大，實際上不是真實的身形高大，只是假名的高大身形。

賞析與點評

本段講述得果不住。譬如一個人通過多年的努力，在學術上獲得了很大的成果。如果此人因此而自命不凡，貢高我慢，學術上難以再有新的成果。這都是執著於自己的研究成果而產生的負面作用。同理，菩薩修行，悟法性空，以清淨的功德願力為緣，成就此莊嚴的「大身」果報。若以法性畢竟空而觀之，是從緣幻化而成，實沒有大身的真實性，假名如幻，所以說是名大身。

須菩提！菩薩亦如是。若作是言，「我當滅度無量眾生」，即不名菩薩。何以故？須菩提！實無有法名為菩薩。是故，佛說一切法無我、無人、無眾生、無壽者。

譯文

佛陀說：須菩提！菩薩也是如此。如果菩薩這樣說，「我應當滅度無量的眾生」，就不能叫作菩薩。為甚麼呢？須菩提！實際上沒有一個法名為菩薩。所以佛陀說一切諸法都沒有自我的相狀、他人的相狀、眾生的相狀、壽命的相狀。

賞析與點評

本段講述度化眾生而不住。幫人是行善，但若有「我」在幫人的想法，便有求回報之心；一旦得不到我們所期盼的「回報」，幫人有時反而會帶來更多的煩惱。這都是有「我」帶來的苦惱。同樣，發心度眾生，是菩薩的本分事。若有「我」在行菩薩道的想法，便有「我執」，不能算是真正的「菩薩」。

須菩提！若菩薩作是言，「我當莊嚴佛土[1]」，是不名菩薩。何以故？如來說莊嚴佛土者，即非莊嚴，是名莊嚴。須菩提！若菩薩通達無我法者，如來說名真是菩薩。

注釋

1 佛土：佛所住之國土，或佛教化之國土。不僅指淨土，亦有可能是穢土、報土、法性土等。莊嚴佛土，就是化穢土而成淨土。

譯文

須菩提！如果菩薩這麼說，「我應當清淨莊嚴佛土」，就不能叫作菩薩。為甚麼呢？如來說清淨莊嚴佛土，就不是清淨莊嚴，只是假名的清淨莊嚴。須菩提！如果菩薩能夠通達無我的真理，如來就說他是真正的菩薩。

賞析與點評

本段講述不住依報。《阿彌陀經》中說，莊嚴的西方極樂世界國土是阿彌陀佛願力所化現的淨土，並隨其願力的變化而變化，當然不可能是固定不變的東西，怎可執著它為實有?!

一體同觀分第十八

須菩提！於意云何？如來有肉眼[1]不？

如是，世尊！如來有肉眼。

須菩提！於意云何？如來有天眼[2]不？

如是，世尊！如來有天眼。

須菩提！於意云何？如來有慧眼[3]不？

如是，世尊！如來有慧眼。

須菩提！於意云何？如來有法眼[4]不？

如是，世尊！如來有法眼。

須菩提！於意云何？如來有佛眼[5]不？

如是，世尊！如來有佛眼。

注釋

1 肉眼：凡人的肉眼，見表不見裏，見粗不見細，見前不見後，見近不見遠，見明不見暗。

2 天眼：表裏、粗細、前後、遠近、明暗等都能透徹明見的天人之眼。修行禪定之人也能修出天眼。

3 慧眼：通達諸法平等、空無我性的智慧之眼，雖勝天眼，猶不及悲智並用的法眼。

4 法眼：徹見一切法之實相，了知俗諦萬有之智慧眼，唯菩薩所有。

5 佛眼：能照見諸法實相之眼，無事不聞，無事不見，無事不知，無事為難，無所思惟，一切法中佛眼常照。

譯文

佛問：須菩提！你認為如何？如來是否有肉眼？

須菩提答：是的，世尊！如來有肉眼。

須菩提！你認為如何？如來是否有天眼？

是的，世尊！如來有天眼。

須菩提！你認為如何？如來是否有慧眼？

是的，世尊！如來有慧眼。

須菩提！你認為如何？如來是否有法眼？

是的，世尊！如來有法眼。

須菩提！你認為如何？如來是否有佛眼？

是的，世尊！如來有佛眼。

賞析與點評

前文佛陀講述心不住「能得」，自本段起，佛陀重點探討如何才能使我們的心不住「所得」。首先從佛陀心不住正報談起。普通人的肉眼與天人的天眼能見到物質世界的各種現象，聲聞的慧眼能通達諸法無我的空性，菩薩的法眼不但能通達空性，還能從空出假，能見如幻緣起的無量法相，且能適應時機，以種種法門化度眾生，而佛眼除了具備以上四眼的功能外，還能究竟諸法實相，因而能無事不聞，無事不見，無事不知，無事為難，一體同觀，知見圓明。這正是佛陀的正報之一，正報非真，隨緣度眾。

須菩提！於意云何？如恆河中所有沙，佛說是沙不？

如是，世尊！如來說是沙。

須菩提！於意云何？如一恆河中所有沙，有如是沙等恆河，是諸恆河所有沙數佛世界，如是寧為多不？

甚多，世尊！

佛告須菩提：爾所國土中所有眾生若干種心[1]，如來悉知。何以故？如來說諸心，皆為非心，是名為心。所以者何？須菩提！過去心不可得，現在心不可得，未來心不可得。

注釋

1 若干種心：即指依各種情形對「心」的分類，如真心、妄心、貪心、癡心、嗔心等。

譯文

佛陀又問：須菩提！你認為如何？像恆河中所有的沙粒，佛陀說這所有的沙是沙嗎？

須菩提回答：是的，世尊！如來說是沙。

佛陀繼續問：須菩提！你認為如何？譬如一條恆河中所有的沙粒，每顆沙粒又是一條恆河，這麼多恆河的所有的沙都是佛土，它的數目是不是很多呢？

須菩提答：很多，世尊！

佛陀告訴須菩提：你所處的這麼多國土中的所有眾生，所有種種不同的心念如來都完全知曉。為甚麼呢？如來說的種種的心，都並非是真正的心，只是假名稱之為心。為甚麼這樣說呢？須菩提！過去的心是不可得到的，現在的心也是不可得到的，未來的心也一樣是不可得到的。

賞析與點評

唐代德山宣鑒禪師肩上挑着他辛苦多年注解的《金剛經》——《金剛經青龍疏鈔》，一路上風塵僕僕，四處尋師印證。長途跋涉，令他又飢又渴。無奈之際，瞧見路邊有一位賣餅的婆婆，便急忙上前，想買一些餅充飢。誰知婆婆語帶挑釁俏皮地說：「我有一個問題，您若能幫我解答，點心便贈與您，分文不取；若答不出，您不但買不到我的點心，而且得親手燒掉您肩上挑的書。」

禪師心想，這賣餅婆應該不會有甚麼過人的見識，於是直爽地答應了她的要求。賣餅婆問，「您想買我的餅當點心，但《金剛經》說，過去、現在、未來三心皆不可得。既然心不可得，那請問您如何『點心』呢？」禪師一時語塞。

不意賣餅婆有此一問，德山禪師當下悟到：沾沾自喜於苦心多年寫成的《金剛經》注解，這是「心」「住」於過去；四處找人認同自己的觀點，這是「心」「住」於未來。而「心」的特點是念念不住、剎那生滅，根本無法停留在過去、現在、未來的任何一刻，哪裏能找到一顆常住不變的心去「點」呢？！所以佛陀說，眾生遇相執相，生出如同恒河中所有沙數那麼多的心來，其實只有一心——妄心、非心，所以說如來悉知眾生心。若能了解妄心非心，才能真正了解心的含意。佛心隨眾生心而變化，因了知眾生之心，就能更有針對性地教化眾生。

法界通化分第十九

須菩提！於意云何？若有人滿三千大千世界七寶，以用布施，是人以是因緣，得福多不？

如是，世尊！此人以是因緣，得福甚多。

須菩提！若福德有實，如來不說得福德多；以福德無故，如來說得福德多。

譯文

佛陀問：須菩提！你意下如何？如果有人用充滿三千大千世界的七種珍寶來行佈施，這個人因這佈施的因緣而得到的福報多不多呢？

須菩提回答：是的，世尊！這個人因這佈施的因緣而得到的福報非常多。

佛陀又說：須菩提！如果福德是真實存在的體性，如來就不會說得到的福德很多。正因為並沒有真實存在的福德，所以如來說得到的福德很多。

賞析與點評

當我們飢餓的時候，想吃東西，吃飽就感到幸福了；如果繼續吃下去，我們還會感到幸福嗎？如此觀之，世間的福德，只是一種感受，並非實有，根本無法抓住它。同理，得法忍的菩薩，了知世間福德不是沒有，而是不執為實有，不執為己有。福德無性，菩薩無我，行佈施而不貪執福德，佈施者當下就與般若相應，證悟無福之福的境界，才能真正使人圓成無量清淨的佛果功德。無福之福，其福甚大，這才是「如來說得福德多」的本義。

離色離相分第二十

須菩提！於意云何？佛，可以具足色身[1]見不？不也，世尊！如來，不應以具足色身見。何以故？如來說具足色身，即非具足色身，是名具足色身。

須菩提！於意云何？如來，可以具足諸相見不？不也，世尊！如來，不應以具足諸相見。何以故？如來說諸相具足，即非具足，是名諸相具足。

注釋

1 具足色身：原指有形質之身，即肉身，專指佛、菩薩修行無量功德而獲得的三十二相、八十種隨形好的圓滿報身。

譯文

佛陀又問：須菩提！你意下如何？佛可以依圓滿莊嚴的色身形相來證見嗎？

須菩提回答說：不可以，世尊！如來不能依圓滿莊嚴的色身來證見。為甚麼呢？如來說的完美的色身形相，不是真實不變的色身形相，只是假名為色身而已。

佛陀緊接着又問：須菩提！你意下如何？如來可以依所具備的種種圓滿妙相來證見嗎？

須菩提回答說：不可以，世尊！如來不能以具足妙相的外相而見。為甚麼呢？因為如來所說的圓滿諸相不是真實的相貌，只不過是假名為圓滿諸相而已。

賞析與點評

一個人可能同時擁有無數的光環：名氣、知識、能力、財產、魅力、研究成果……到底哪一個才是此人的本來面貌？恐怕沒有人能說得清！同理，三十二相、八十種隨形好，的確是如來最耀眼的光環之一。然而，如來是由無數「光環」構成，具足三十二相並不等於就是如來。因此說如來並沒有定相，是無相的，也就是非相，非相才是佛的真正法相。相無定相，身相具足，這才是如來所說的「諸相具足」之本義。

非說所說分第二十一

須菩提！汝勿謂如來作是念，「我當有所說法」。莫作是念！何以故？若人言「如來有所說法」，即為謗佛，不能解我所說故。須菩提！說法者，無法可說，是名說法。

譯文

佛陀說：須菩提！不要以為如來會這樣想，「我當為眾生說種種的法」。你不要如此生心動念。為甚麼呢？如有人以為如來有所說法，這不是知佛讚佛，反而是謗佛了！因為他不能了解我所說的本義：法如實相是離言說相的，不可以言宣的。須菩提！所謂說法即無法可說。無法可說而隨俗假說，令眾生從言說中體達無法可說，這即名為說法了。

賞析與點評

「蘋果是甜的」。沒有吃過蘋果的人自然會聯想起糖、蜜之甜味，和蘋果自身的甜味不同。更何況蘋果的甜味隨煙台、富士、喬納森等七千五百種品種之不同而不同，靠嘴上「說」出來的甜味，怎能真正體會到「蘋果是甜的」這句話的真實含義?!只有親口嚐一嚐，才能知道蘋果的甜味。同理，離空有二邊的中道實相，佛陀是無法用語言說出來的，只能隨俗假說，用種種方便引導人去領悟它，「無法可說，是名說法。」

爾時，慧命須菩提白佛言[1]：世尊！頗有眾生，於未來世，聞說是法，生信心不？

佛言：須菩提！彼非眾生，非不眾生。何以故？須菩提！眾生，眾生者，如來說非眾生，是名眾生。

注釋

1 慧命：色身必賴飲食來延續生命，而法身必賴智慧以長養，故有慧命之說。

譯文

這時候，道德智慧圓滿的須菩提當機啟問佛陀說：世尊！如果有眾生在未來之世聽聞您說的法，能夠生起信心嗎？

佛陀回答說：須菩提！他們與眾生並不能劃等號，也不能因此就理解成他們不屬於眾生。為甚麼呢？須菩提！人們所認識的「眾生」，都是因緣所生，並沒有一個固定不變的眾生，佛陀隨順世間的習慣，而假名為眾生而已。

賞析與點評

如同水無常性，才能在特定的條件下有如下不同的表現形態：雨、雪、霜、霧、冰、波浪、水蒸氣。同理，如果世間真的有固定不變的眾生，那他們將永遠是苦惱的眾生，沒有得救的機會。「眾生者，如來說非眾生，是名眾生。」這句話的含意是，迷茫的人，還沒被教化前，不能說他不是眾生（即「非不眾生」）；一旦被教化，已不是一般意義上的眾生（「彼非眾生」）。通過精進努力，而由凡夫轉變成聲聞、緣覺、菩薩；大徹大悟後，便能成佛作祖。所以佛陀說，「滅度一切眾生，滅度一切眾生已，而無有一眾生實滅度者。」因為眾生自性是佛，度無可度，自性自度，才是成佛之本義。

無法可得分第二十二

須菩提白佛言：世尊！佛得阿耨多羅三藐三菩提，為無所得耶？

佛言：如是！如是！須菩提！我於阿耨多羅三藐三菩提，乃至無有少法可得，是名阿耨多羅三藐三菩提。

譯文

須菩提向佛陀稟問：世尊！佛證得無上正等正覺佛智，也就是沒有得到正等正覺佛智嗎？

佛陀說：正是，正是。須菩提！我對於無上正等正覺佛智，甚至沒有一點法可得，只是假名稱之為無上正等正覺而已。

賞析與點評

經過多年努力，一個人終於獲得博士學位。真的有一個博士學位讓他得到了嗎？答案是否定的。因為博士學位僅僅是衡量一個人專業知識的工具。同理，佛陀悟證的境界可用「阿耨多羅三藐三菩提」這一名相來描述，如果如來因此而自認為已證此果，那麼他仍有「我相」存在，怎能成為名副其實的佛?! 事實上，世間並沒有一個「阿耨多羅三藐三菩提」的法存在。領悟無得而得，才能真正悟證無上菩提。

淨心行善分第二十三

復次，須菩提！是法平等，無有高下，是名阿耨多羅三藐三菩提。以無我、無人、無眾生、無壽者，修一切善法[1]，即得阿耨多羅三藐三菩提。須菩提！所言善法者，如來說即非善法，是名善法。

注釋

1 善法：與「惡法」對稱，一般以修五戒、十善為世間之善法，而三學、六度為出世間之善法。

譯文

佛陀繼續說：再者，須菩提！諸法是絕對平等的，沒有上下高低的分別，所以才名為無上正等正覺。只要不執著於自我的相狀、他人的相狀、眾生的相狀、壽命的相狀的妄想分別心，去修持一切善法，那麼即可證得無上正等正覺。須菩提！所謂的善法，如來說它並不是真實的善法，只是假名為善法而已。

賞析與點評

生病了，去哪一家醫院治療並不重要，有良醫就好；中醫西醫並不重要，能治病就好。同理，要領悟中道實相之理，至少需要四個條件：持一切淨戒，學一切法門，修一切善法，度一切眾生。每一條件又包含無數的內容，都是引導人悟入中道實相的方便法門，所以佛陀說，「是法平等，無有高下」。若執著於自己所修的善法為至高無上的大法，則有我執之嫌疑，難以修成正果。所修善法，並不是絕對的善法，這才是心不住善法的本義。

福智無比分第二十四

須菩提！若三千大千世界中，所有諸須彌山王，如是等七寶聚，有人持用布施；若人以此般若波羅蜜經，乃至四句偈等，受持、讀誦，為他人說，於前福德百分不及一，百千萬億分乃至算數、譬喻所不能及。

譯文

佛陀進一步說：須菩提！如果有三千大千世界中所有的須彌山王這麼多的七種珍寶，有人用這些珍寶來做佈施。然而如果有人以這部《金剛般若波羅蜜經》乃至只是其中的四句偈，加以信受奉行和讀誦受持，並廣為他人宣說，則前者以七寶佈施所得的福德不及後者所得福德的百分之一，百千萬億分之一乃至數字、譬喻都無法說清楚的無數分之一。

賞析與點評

這是《金剛經》第二、三部分第一次校德。這次用像須彌山那麼高的七寶拿來佈施，數量要比該經第一部分所說的任何佈施要大得多，表示深解不住所得、能得的功德，要比理解「於相離相」的功德要大得多。

下卷：無所住而生其心

本篇導讀——

觀世音菩薩早已成佛，佛號「正法明如來」，為了普度眾生，倒駕慈航，大慈大悲、救苦救難；地藏王菩薩發下「地獄不空，誓不成佛」的大願，到最苦的地方去救度眾生；往生西方極樂世界的人，乘願再來，回到人間，救度眾生。所有這一切都表明，修行成佛的最終目的是救度芸芸眾生。在《金剛經》第三部分中，佛陀以自己親身經歷，從化眾、化主、功德、化法、化處、知見等方面說明如何才能做到「無住生心」，住而不住，不住而住。其目的是引導人們善用因緣，真發菩提心，投身於自利利他的事業中去。

化無所化分第二十五

須菩提！於意云何？汝等勿謂如來作是念，「我當度眾生」。須菩提！莫作是念。何以故？實無有眾生如來度者。若有眾生如來度者，如來則有我、人、眾生、壽者。

須菩提！如來說有我者，即非有我，而凡夫之人以為有我。須菩提！凡夫者，如來說即非凡夫，是名凡夫。

譯文

佛陀再次問：須菩提！你認為如何呢？你不要以為如來會作這樣的想法，「我當示現人間，度化受苦的眾生」。須菩提！不要如此生心動念。為甚麼呢？（因為如來已覺悟諸法性空，）哪裏會見到有真實的眾生，可以讓如來度化；假使如來有「真實的眾生需要如來度化」的想法，那麼如來不是就落入自我、他人、眾生和壽者四相執著之中嗎？

須菩提！如來隨順世俗習慣，有時也會說人說我，實際上是指因緣和合而無自性的假我，即是非我。但糊塗的凡夫因無法了解我隨順世俗的苦心，誤以為如來有一個真實的我。須菩提！同理，因緣和合而成的凡夫，如來說他並不是真實的凡夫，只是假名為凡夫而已。

賞析與點評

《禮記・學記》云：「是故學然後知不足，教然後知困。知不足然後能自反也，知困然後能自強也。故曰教學相長也。」其意為教和學兩方面互相影響和促進，都得到提高。同理，菩薩在幫助別人的過程中，其實也是在幫助自己成就善果。以此心態度人，幫助的人越多越開心，因為如此幫人，積累的功德越大，離佛果越近，哪有空去想自己幫助了誰呢？幫助了誰真的很重要嗎？這就是本段的重點：心不住於被教化的眾生，化無所化，化眾無量。

法身非相分第二十六

須菩提！於意云何？可以三十二相觀如來不？

須菩提言：如是！如是！以三十二相觀如來。

佛言：須菩提！若以三十二相觀如來者，轉輪聖王[1]即是如來。

須菩提白佛言：世尊！如我解佛所說義，不應以三十二相觀如來。

爾時，世尊而說偈言：

若以色見我，以音聲求我，

是人行邪道，不能見如來。

注釋

1 轉輪聖王：以正法治天下，天下太平，人民安樂，沒有天災人禍。轉輪聖王與佛一樣具有三十二相，擁有七寶（輪、象、馬、珠、女、居士、主兵臣）。

譯文

佛陀又問：須菩提！你認為如何？可以依三十二種殊妙身相來證見如來嗎？

須菩提答：是的，是的，可以依三十二種殊妙身相來證見如來。

佛陀說：須菩提！若能依三十二種殊妙身相來證見如來，那麼轉輪聖王就是如來。

須菩提對佛陀陳述表白：世尊！如依據我對佛陀所說之佛法的理解，是不應該依三十二種殊妙身相來證見如來。

這時候，佛陀以偈說道：若有人想憑三十二相八十種好的色相見我，或從六十美妙梵音中尋求我，這是走入邪道，不能證見如來。

賞析與點評

有一次，佛陀上忉利天為母說法三個月，弟子們非常思念他。佛陀從忉利天回到人間，弟子們十分歡喜，爭先恐後地去迎接佛陀。第一個見到佛陀的是蓮花色比丘尼，十分開心。可佛陀卻微笑着說，須菩提才是真正第一個見到佛陀的人。原來，當眾人忙着迎接佛陀時，須菩提卻獨自一人靜觀思維：三十二種妙相、八十隨行好，僅僅是佛陀報身的一部分，是緣起無自性的。由通達性空，以大悲願力示現的身相，如鏡中像，如水中月，不可取不可執。如取相執實，專在形式上見佛，那與輪王有甚麼差別？若能進一步領悟到山河大地等物、是非好壞之分別心，如此一切的法相，無一不是緣生緣滅、虛妄不實的，便悟入「諸相非相」的緣起性空之理。依據《度一切諸佛境界智嚴經》，「若見十二因緣，即是見法；見法，即是見佛。如是見無所見。」（T12.252c25-26）須菩提深悟緣起性空之理，真正見到了如來的法身，無處不在，遍一切處。緣起性空的如來法身，無時無刻不在教化眾生。這就是本段的重點：心不住於教化主，因為報身非相，遍一切處。

無斷無滅分第二十七

須菩提！汝若作是念，「如來不以具足相故，得阿耨多羅三藐三菩提。」須菩提！莫作是念，「如來不以具足相故，得阿耨多羅三藐三菩提。」須菩提！汝若作是念，「發阿耨多羅三藐三菩提心者，說諸法斷滅[1]。」莫作是念！何以故？發阿耨多羅三藐三菩提心者，於法不說斷滅相。

注釋

1 斷滅：又作斷見，與「常見」相對，主張人死如燈滅。佛教既不偏於常見，亦不偏於斷見，而主張遠離有、無兩邊，而取中道。

譯文

佛陀又說：須菩提！你如果有這樣的念頭，「如來是不因諸相具足而證得無上正等正覺。」須菩提！你不應當有這樣的念頭，「認為如來不具足功德莊嚴相，才能證得無上正等正覺。」須菩提！你如果有這樣的念頭，「發無上正等正覺菩提心的人，會說諸法斷滅。」你不應當有這樣的念頭。為甚麼呢？發無上正等正覺菩提心的人，對一切法不着斷滅相，也不着法相。

賞析與點評

上文提到「不應以三十二相觀如來」，有人便誤認為，發菩提心的人否定三十二相的存在，又墮入斷滅見，破壞世出世間因果。其實，真正發大菩提心的菩薩，決不會破壞因果，也不會偏取空相而不修佈施、持戒等善法。反之，菩薩因為深見緣起因果，這才發大菩提心，廣修智慧、福德，成就功德，莊嚴身相。有人又誤以為三十二相為恆常不變的東西，甚至與佛劃上等號，又墮入常見。其實，三十二相與佛的關係是不一不異。真發菩提心的人，不偏於常見，亦不偏於斷見，主張遠離有、無兩邊，而取中道，隨緣教化眾生。這就是本段的重點：心不住於斷滅空，無斷無滅，隨緣教化眾生。

不受不貪分第二十八

須菩提！若菩薩以滿恆河沙等世界七寶，持用布施；若復有人，知一切法無我，得成於忍。此菩薩勝前菩薩所得功德。何以故？須菩提！以諸菩薩不受福德故。

須菩提白佛言：世尊！云何菩薩不受福德？

須菩提！菩薩所作福德，不應貪著[1]，是故說不受福德。

注釋

1 貪著：凡夫對於自己喜歡的五欲、名聲、財物、福德貪愛執著，永無厭足，遂而引生種種的苦惱。

譯文

佛對須菩提說：假使有發大心的菩薩，以充滿恆河沙世界的七寶作佈施，所得的功德極大；但如另有菩薩，能悟知一切法無我的自性，便能證得無生法忍，那麼這位菩薩所獲得的功德勝過前面所說的那位菩薩的功德。為甚麼呢？須菩提！這是因為所有的菩薩都不領受有為福報功德的。

須菩提向佛提問：世尊！為甚麼說菩薩不領受有為福報功德？

佛回答說：須菩提！菩薩對他所作的福報功德，不應貪求而生起貪取執著，所以才說菩薩不領受有為福報功德。

賞析與點評

依經論說，「發心信解，名信忍；隨順法空性而修行，名（柔）順忍；通達諸法無生滅性，名無生法忍。」覺悟無生法忍的菩薩，無我相、人相、眾生相、壽者相，進入人我一體的境界，對眾生的幫助，如同母親幫助愛子，無私且不求回報，由此而獲得無量功德，但菩薩不會執取功德為實有，不執為己有，更不會貪執功德，不受福德有無的影響，在無我、無相中度無量眾生。這就是本段的重點：心不住功德相，不受不貪，功德無量。

威儀寂靜分第二十九

須菩提！若有人言，「如來若來、若去；若坐、若臥。」是人不解我所說義。何以故？如來者，無所從來，亦無所去，故名如來。

譯文

佛陀說：須菩提！如果有人說，「如來也是有來、有去、有坐、有臥等相。」這個人就是沒有透徹了知我所說的佛法義旨。為甚麼呢？所謂如來，實在是無所來處，也無所去處，所以才稱之為如來。

賞析與點評

據《賢愚經．鴦仇魔羅》，鴦仇魔羅本是一名才貌雙全的優秀學生，因拒絕師母色誘而遭橫禍。其師在妻子的迷惑下，設計陷害鴦仇魔羅：「你若能在七日內殺一千人，割下每人的一根手指，編成手指花環，便可升天。」鴦仇魔羅信以為真，喪失本性，見人就殺，七日內連殺九百九十九人，連看到前來勸阻的生母也舉刀相向，好補足千指。佛陀化作比丘身，行於彼邊。鴦仇摩羅無論如何追趕，都無法接近佛陀，便怒吼道：「比丘小住。」佛陀微笑着說：「我常自住，但汝不住。」鴦仇摩羅聞言大悟，出家學道，證阿羅漢果。（T4.423b-424b）

世人與鴦仇摩羅一樣，行、住、坐、臥，有來有去，終日忙碌，哪能安住？而佛陀早已徹見無我法性，於行、走、住、臥中不取於相，來無所從，去無所至；不來而來，無去而去；不去不來，如如不動，諸法如義，這才是真正的如來。這就是本段的重點：心不住如來化身相，法身常住，無來無去。

一合理相分第三十

須菩提！若善男子、善女人，以三千大千世界碎為微塵，於意云何？是微塵眾寧為多不？

須菩提言：甚多，世尊！何以故？若是微塵眾實有者，佛即不說是微塵眾。所以者何？佛說微塵眾，即非微塵眾，是名微塵眾。

世尊！如來所說三千大千世界，即非世界，是名世界。何以故？若世界實有者，即是一合相[1]。如來說一合相，即非一合相，是名一合相。

須菩提！一合相者，即是不可說，但凡夫之人，貪著其事。

注釋

1 一合相：指一個由眾多極微分子合成的有形物質。以佛教之觀點言之，世間的一切法，皆為一合相。世界也是由無數的微塵集合而成的，故也稱世界為一合相；人體是由四大五蘊合成，因此人身也是一合相。

譯文

佛問：須菩提！如果有善男子、善女人，把三千大千世界都搗碎成粉末微塵，你有甚麼看法？這些微塵多不多呢？

須菩提回答說：非常多，世尊！為甚麼呢？如果實際上這些微塵都是真實存在的，佛就不會說這微塵很多了。這是甚麼緣故呢？佛陀所說的很多微塵，實際上並不是真說很多微塵，只是一個假名的微塵而已。世尊！如來所說的三千大千世界，並不是真實的世界，只是假名為世界而已。為甚麼呢？如果世界是真實存在的，那只是一種聚合的形相。如來說一個聚合的形相，並不是一個真實的聚合的形相，只是假名為聚合的形相。

佛陀說：須菩提！所謂一個聚合的形相，妙不可言。可是一些凡夫俗子卻偏偏要貪戀執著有個真實的聚合的形相。

賞析與點評

經典物理學認為，原子是由電子、中子和質子組成的。這些基本粒子是構成宇宙萬有的最基本的元素（永恆的磚塊），萬物從它所出，最後又復歸於它。它不生不滅，不增不減，具有絕對不變屬性。因此說，物質世界是客觀存在的實體。無獨有偶，一切有部的佛學家通過分析法，認為宇宙萬物是由極微所組成，以此說明無我、空的道理。而他們則堅信，極微是有自性的真實存在。針對此種謬論，佛陀指出極微（即微塵）還是可分的，沒有自性。這一點被現代物理所證實，質子和中子是由一種更微小的東西——夸克構成。這些基本粒子瞬間即逝，接近於空。由此觀之，宇宙間的一切事物都是由眾緣和合而成，佛陀稱之為「一合相」，這才是對三千大千世界的正確理解。這就是本段的重點：心不住如來化土，處無定處，化土無邊。

知見不生分第三十一

須菩提！若人言，「佛說我見、人見、眾生見、壽者見。」須菩提！於意云何？是人解我所說義不？

不也，世尊！是人不解如來所說義。何以故？世尊說我見、人見、眾生見、壽者見，即非我見、人見、眾生見、壽者見，是名我見、人見、眾生見、壽者見。

須菩提！發阿耨多羅三藐三菩提心者，於一切法，應如是知，如是見、如是信解，不生法相。須菩提！所言法相者，如來說即非法相，是名法相。

譯文

佛陀問須菩提：須菩提！如果有人以為「佛陀説我見、人見、眾生見、壽者見，

（就是為了使人離我見、人見、眾生見、壽者見而得解脫。）」須菩提！你有怎樣的看法呢？此人能理解如來化法的真義嗎？

須菩提回答：沒有，世尊！這個人還沒有透徹理解佛法要旨。為甚麼呢？佛陀說自我知見、他人知見、眾生知見和壽命知見，都不是真實存在的自我知見、他人知見、眾生知見和壽命知見，只是假名的自我知見、他人知見、眾生知見和壽命知見。

佛陀說：須菩提！發無上正等正覺菩提心的人，對於一切萬法，應當這樣去認知，應當這樣去見解，應當這樣去信仰理解，心中不生起任何的法相。須菩提！所謂的法相，如來說它並非是真實存在的法相，只是假名的法相。

賞析與點評

人生充滿了各種各樣的糾纏，來自工作、家庭、愛情、人際關係、宗教信仰等等。即使自認為平安無事的人也會有老、病、死的糾纏，不得解脫。一千五百年前，四祖道信（五八〇—六五一）就向三祖僧璨求解脫：「願和尚慈悲，教授解脫的法門。」三祖僧璨問：「誰縛汝？」四祖道信答道：「沒有人綁縛我。」三祖僧璨說道：「那麼何必去求解脫呢？」四祖道信似有所悟。「誰縛汝」的公案，道出了悟道的關鍵——去除我見。《金剛經》從一開始到現在，從不同層面強調「空、無我」的道理，能悟這一道理的「我見」卻悄悄從心靈深處產生，比執著於四大組合而成的假我更可怕。佛陀以「不生法相」破除能見的我和所見的我，能所雙亡，才能得到徹底的解脫。這正是道信似有所悟的內容。這就是本段的重點：心不住任何知見，知見不生，徹底解脫。

應化非真分第三十二

須菩提！若有人以滿無量阿僧祇世界七寶，持用布施；若有善男子、善女人，發菩提心者，持於此經，乃至四句偈等，受持、讀誦，為人演說，其福勝彼。云何為人演說？不取於相，如如[1]不動。何以故？

一切有為法，如夢幻泡影，
如露亦如電，應作如是觀。

注釋

1 如如：（1）如如智，指真如妙智，本來清淨，既不為無明所覆，亦不為煩惱所染，照了諸法，平等不二，以其智如如境，故稱如如智。（2）如如境，指真如妙境，常住一相，量等虛空，不遷不變，無滅無生，以其境如如智，故稱如如境。

譯文

佛陀告訴須菩提：須菩提！假使有人以遍滿無量無數世界的七寶進行佈施，（這在常人看來，功德已不可思議）。但是，如另有發無上菩提心的善男子、善女人，受持、讀誦、為人演說這部經的全部，甚至只是其中的四句偈，那他所獲得的福報功德，比七寶佈施者要多得多。應當如何為他人宣說此經呢？那就應當不執著於一切相，安住於一切法性空而不為法相分別所動。為甚麼呢？「一切有為法，皆如夢如幻、如泡如影、如露也如電，應作如是的觀照。」

賞析與點評

從這段開始對全文作總結。「一切有為法，如夢幻泡影，如露亦如電，應作如是觀。」這首偈頌被稱為《金剛經》之精髓，以六喻法門說明人生如夢，苦樂如泡影，成敗如朝露，榮華富貴如浮雲，名利如鏡花水月，宇宙間萬事萬物瞬息變幻，無時無刻不在變化。以此總結全經要義：說空、說假名、說離相、說不住、說不取，以顯般若本義。在實際層面上，我們應不生法相而信解一切法，應不取於法，如如不動而受持如來所說之法。

佛說是經已，長老須菩提及諸比丘、比丘尼、優婆塞、優婆夷，一切世間天、人、阿修羅，聞佛所說，皆大歡喜，信受奉行[1]。

注釋

1 皆大歡喜，信受奉行：為佛經結束語中的習慣用語。表示大家聽了本經，感到佛法的稀有，都能法喜充滿，信受如來所說的法，並切實奉行如來所說的法。

譯文

佛陀已經圓滿宣說這部經，須菩提長老及在場的眾多比丘、比丘尼、優婆塞、優婆夷，一切世間的天、人、阿修羅等，聽聞了佛陀說法之後，無不法喜充滿，信受和切實奉行如來所說的法。

賞析與點評

《大方廣佛華嚴經》云，「諸供養中，法供養最。」（T10.845a05）在諸法中，般若是最上妙法。與會大眾聽聞佛陀所講般若妙法，無限歡善，滿意而歸。

附錄

參考資料

一、《心經》

印順：《般若經講記》。

聖嚴：《心經新釋》。

尚榮：《六祖壇經》，北京：中華書局，二〇一〇年。

方立天：〈佛教「空」義解析〉，中國人民大學學報，二〇〇三年六月號。

《金剛般若波羅蜜經》，姚秦天竺三藏法師鳩摩羅什譯。

二、《金剛經》

T—《大正新修大藏經》。

X—《卍新纂續藏經》。

王月清：《金剛經》，南京：江蘇古籍出版社，二〇〇一年。

江味農：《金剛經講義》，安徽：黃山書社，二〇〇六年。

星雲大師：《金剛經講話》，台北：佛光文化事業，一九九七年。

《金剛決疑》，姚秦三藏法師鳩摩羅什譯，明曹溪沙門憨山釋德清撰。《卍新纂續藏經》X25.57a08-70c19。

般若波羅蜜多心經

唐三藏法師玄奘譯

觀自在菩薩。行深般若波羅蜜多時。
照見五蘊皆空。度一切苦厄。
舍利子。色不異空。空不異色。
色即是空。空即是色。
受想行識。亦復如是。
舍利子。是諸法空相。不生不滅。
不垢不淨。不增不減。
是故空中無色。無受想行識。
無眼耳鼻舌身意。
無色聲香味觸法。
無眼界。乃至無意識界。
無無明。亦無無明盡。
乃至無老死。亦無老死盡。

無苦集滅道。無智亦無得。
以無所得故。菩提薩埵。
依般若波羅蜜多故。心無罣礙。
無罣礙故。無有恐怖。
遠離顛倒夢想。究竟涅槃。
三世諸佛。依般若波羅蜜多故。
得阿耨多羅三藐三菩提。
故知般若波羅蜜多。
是大神咒。是大明咒。是無上咒。是無等等咒。
能除一切苦。真實不虛。
故說般若波羅蜜多咒。
即說咒曰。揭諦揭諦。波羅揭諦。
波羅僧揭諦。菩提薩婆訶。

金剛般若波羅蜜經

姚秦天竺三藏鳩摩羅什譯　唐刻本

如是我聞。一時。佛在舍衞國祇樹給孤獨園。與大比丘衆千二百五十人俱。爾時。世尊食時。著衣持鉢。入舍衞大城乞食。於其城中次第乞已。還至本處。飯食訖。收衣鉢洗足已。敷座而坐。

時長老須菩提在大衆中。即從坐起。偏袒右肩。右膝著地。合掌恭敬而白佛言。希有。世尊。如來善護念諸菩薩。善付囑諸菩薩。世尊。善男子善女人。發阿耨多羅三藐三菩提心。應云何住。云何降伏其心。

佛言。善哉善哉。須菩提。如汝所說。如來善護念諸菩薩。善付囑諸菩薩。汝今諦聽。當為汝説。善男子善女人。發阿耨多羅三藐三菩提心。應如是住。如是降伏其心。

唯然。世尊。願樂欲聞。

佛告須菩提。諸菩薩摩訶薩。應如是降伏其心。所有一切衆生之類。若卵生若胎生若濕生若化生。若有色若無色。若有想若無想。若非有想非無想。我皆令入無餘涅槃而滅度之。如是滅度無量無數無邊衆生。實無衆生得滅度者。何以故。須菩提。若菩薩有我相人相衆生相壽者相。即非菩薩。

復次。須菩提。菩薩於法應無所住行於布施。所謂不住色布施。不住聲香味觸法布施。須菩提。菩薩應如是布施。不住於相。何以故。若菩薩不住相布施。其福德不可思量。

須菩提。於意云何。東方虛空可思量不。

不也。世尊。

須菩提。南西北方四維上下虛空可思量不。

不也。世尊。

須菩提。菩薩無住相布施。福德亦復如是。不可思量。須菩提。菩薩但應如所教住。

須菩提。於意云何。可以身相見如來不。

不也。世尊。不可以身相得見如來。何以故。如來所說身相。即非身相。

佛告須菩提。凡所有相皆是虛妄。若見諸相非相。則見如來。

須菩提白佛言。世尊。頗有眾生得聞如是言說章句生實信不。

佛告須菩提。莫作是說。如來滅後。後五百歲。有持戒修福者。於此章句能生信心以此為實。當知是人不於一佛二佛三四五佛而種善根。已於無量千萬佛所種諸善根。聞是章句乃至一念生淨信者。須菩提。如來悉知悉見是諸眾生得如是無量福德。何以故。是諸眾生無復我相人相眾生相壽者相。無法相亦無非法相。何以故。是諸眾生。若心取相。則為著我人眾生壽者。若取法相即著我人眾生壽者。何以故。若取非法相。即著我人眾生壽者。是故不應取法。不應取非法。以是義故。如來常説汝等比丘。知我説法如筏喻者。法尚應捨。何況非法。須菩提。於意云何。如來得阿耨多羅三藐三菩提耶。如來有所説法耶。

須菩提言。如我解佛所説義。無有定法。名阿耨多羅三藐三菩提。亦無有定法如來可説。何以故。如來所説法。皆不可取不可説。非法非非法。所以者何。一切賢聖皆以無為法而有差別。

須菩提。於意云何。若人滿三千大千世界。七寶以用布施。是人所得福德寧為多不。

須菩提言。甚多。

世尊。何以故。是福德即非福德性。是故如來説福德多。

若復有人於此經中。受持乃至四句偈等為他人説。其福勝彼。何以故。須菩提。一切諸佛及諸佛阿耨多羅三藐三菩提法皆從此經出。

須菩提。所謂佛法者。即非佛法。

須菩提。於意云何。須陀洹能作是念。我得須陀洹果不。

須菩提言。不也。世尊。何以故。須陀洹名為入流而無所入。不入色聲香味觸法。是名須陀洹。

須菩提。於意云何。斯陀含能作是念。我得斯陀含果不。
須菩提言。不也。世尊。何以故。斯陀含名一往來。而實無往來。是名斯陀含。
須菩提。於意云何。阿那含能作是念。我得阿那含果不。
須菩提言。不也。世尊。何以故。阿那含名為不來而實無來。是故名阿那含。
須菩提。於意云何。阿羅漢能作是念。我得阿羅漢道不。
須菩提言。不也。世尊。何以故。實無有法名阿羅漢。世尊。若阿羅漢作是念。我得阿羅漢道。即為著我人眾生壽者。世尊。佛說我得無諍三昧人中最為第一。是第一離欲阿羅漢。我不作是念。我是離欲阿羅漢。世尊。我若作是念。我得阿羅漢道。世尊則不說須菩提是樂阿蘭那行者。以須菩提實無所行。而名須菩提是樂阿蘭那行。
佛告須菩提。於意云何。如來昔在燃燈佛所。於法有所得不。
世尊。如來在燃燈佛所。於法實無所得。
須菩提。於意云何。菩薩莊嚴佛土不。
不也。世尊。何以故。莊嚴佛土者。則非莊嚴。是名莊嚴。
是故。須菩提。諸菩薩摩訶薩應如是生清淨心。不應住色生心。不應住聲香味觸法生心。應無所住而生其心。須菩提。譬如有人身如須彌山王。於意云何。是身為大不。
須菩提言。甚大。世尊。何以故。佛說非身。是名大身。

須菩提。如恒河中所有沙數。如是沙等恒河。於意云何。是諸恒河沙寧為多不。

須菩提言。甚多。世尊。但諸恒河尚多無數。何況其沙。

須菩提。我今實言告汝。若有善男子善女人。以七寶滿爾所恒河沙數三千大千世界。以用布施。得福多不。

須菩提言。甚多。世尊。

佛告須菩提。若善男子善女人。於此經中乃至受持四句偈等。為他人說。而此福德勝前福德。

復次。須菩提。隨說是經乃至四句偈等。當知此處一切世間天人阿修羅。皆應供養如佛塔廟。何況有人盡能受持讀誦。須菩提。當知是人成就最上第一希有之法。若是經典所在之處。則為有佛。若尊重弟子。

爾時。須菩提白佛言。世尊。當何名此經。我等云何奉持。

佛告須菩提。是經名為金剛般若波羅蜜。以是名字。汝當奉持。所以者何。須菩提。佛說般若波羅蜜。則非般若波羅蜜。

須菩提。於意云何。如來有所說法不。

須菩提白佛言。世尊。如來無所說。

須菩提。於意云何。三千大千世界所有微塵是為多不。

須菩提言。甚多。世尊。

須菩提。諸微塵。如來說非微塵。是名微塵。如來說世界非世界。是名世界。

須菩提。於意云何。可以三十二相見如來不。

不也。世尊。不可以三十二相得見如來。何以故。如來說三十二相。即是非相。是名三十二相。

須菩提。若有善男子善女人。以恒河沙等身命布施。若復有人於此經中乃至受持四句偈等。為他人說。其福甚多。

爾時。須菩提聞說是經。深解義趣。涕淚悲泣而白佛言。希有。世尊。佛說如是甚深經典。我從昔來所得慧眼。未曾得聞如是之經。

世尊。若復有人得聞是經。信心清淨則生實相。當知是人成就第一希有功德。

世尊。是實相者則是非相。是故如來說名實相。

世尊。我今得聞如是經典。信解受持不足為難。若當來世後五百歲。其有眾生得聞是經。信解受持。是人則為第一希有。何以故。

此人無我相人相眾生相壽者相。所以者何。我相即是非相。人相眾生相壽者相即是非相。何以故。離一切諸相則名諸佛。

佛告須菩提。如是如是。若復有人得聞是經。不驚不怖不畏。當知是人甚為希有。

何以故。

須菩提。如來説第一波羅蜜非第一波羅蜜。是名第一波羅蜜。

須菩提。忍辱波羅蜜。如來説非忍辱波羅蜜。何以故。

須菩提。如我昔為歌利王割截身體。我於爾時無我相無人相無眾生相無壽者相。何以故。我於往昔節節支解時。若有我相人相眾生相壽者相應生瞋恨。

須菩提。又念過去於五百世作忍辱仙人。於爾所世無我相無人相無眾生相無壽者相。是故。須菩提。菩薩應離一切相發阿耨多羅三藐三菩提心。不應住色生心。不應住聲香味觸法生心。應生無所住心。若心有住則為非住。是故佛説菩薩心不應住色布施。

須菩提。菩薩為利益一切眾生。應如是布施。如來説一切諸相即是非相。又説一切眾生則非眾生。

須菩提。如來是真語者。實語者。如語者。不誑語者。不異語者。

須菩提。如來所得法。此法無實無虛。

須菩提。若菩薩心住於法而行布施。如人入闇則無所見。若菩薩心不住法而行布施。如人有目。日光明照。見種種色。

須菩提。當來之世若有善男子善女人。能於此經受持讀誦。則為如來。以佛智慧。悉知是人。悉見是人。皆得成就無量無邊功德。

須菩提。若有善男子善女人。初日分以恒河沙等身布施。中日分復以恒河沙等身布施。後日分亦以恒河沙等身布施。如是無量百千萬億劫以身布施。若復有人聞此經典信心不逆。其福勝彼。何況書寫受持讀誦為人解說。

須菩提。以要言之。是經有不可思議。不可稱量無邊功德。如來為發大乘者說。為發最上乘者說。若有人能受持讀誦。廣為人說。如來悉知是人。悉見是人。皆得成就不可量不可稱無有邊不可思議功德。如是人等。則為荷擔如來阿耨多羅三藐三菩提。何以故。

須菩提。若樂小乘者。著我見人見眾生見壽者見。則於此經不能聽受讀誦為人解說。

須菩提。在在處處若有此經。一切世間天人阿修羅所應供養。當知此處則為是塔。皆應恭敬作禮圍繞。以諸華香而散其處。

復次。須菩提。善男子善女人受持讀誦此經。若為人輕賤。是人先世罪業應墮惡道。以今世人輕賤故。先世罪業則為消滅。當得阿耨多羅三藐三菩提。

須菩提。我念過去無量阿僧祇劫。於燃燈佛前。得值八百四千萬億那由他諸佛。悉皆供養承事無空過者。若復有人於後末世。能受持讀誦此經。所得功德。於我所供養諸佛功德。百分不及一。千萬億分乃至算數譬喻所不能及。

須菩提。若善男子善女人於後末世。有受持讀誦此經。所得功德。我若具說者。或有人聞心則狂亂狐疑不信。須菩提。當知是經義不可思議。果報亦不可思議。

爾時。須菩提白佛言。世尊。善男子善女人。發阿耨多羅三藐三菩提心。云何應住。云何降伏其心。

佛告須菩提。善男子善女人發阿耨多羅三藐三菩提心者。當生如是心。我應滅度一切眾生。滅度一切眾生已。而無有一眾生實滅度者。何以故。

若菩薩有我相人相眾生相壽者相。則非菩薩。所以者何。須菩提。實無有法發阿耨多羅三藐三菩提者。

須菩提。於意云何。如來於燃燈佛所有法得阿耨多羅三藐三菩提不。

不也。世尊。如我解佛所說義。佛於燃燈佛所無有法得阿耨多羅三藐三菩提。

佛言。如是如是。須菩提。實無有法如來得阿耨多羅三藐三菩提。

須菩提。若有法如來得阿耨多羅三藐三菩提者。燃燈佛則不與我授記。汝於來世當得作佛。號釋迦牟尼。

以實無有法得阿耨多羅三藐三菩提。是故燃燈佛與我授記作是言。汝於來世當得作佛號釋迦牟尼。何以故。

如來者。即諸法如義。若有人言如來得阿耨多羅三藐三菩提。須菩提。實無有法佛得阿耨多羅三藐三菩提。

須菩提。如來所得阿耨多羅三藐三菩提。於是中無實無虛。是故如來說一切法皆是佛法。

須菩提。所言一切法者。即非一切法。是故名一切法。

須菩提。譬如人身長大。須菩提言。世尊。如來說人身長大。則為非大身。是名大身。

須菩提。菩薩亦如是。若作是言。我當滅度無量眾生。則不名菩薩。何以故。

須菩提。實無有法名為菩薩。是故佛說一切法。無我無人無眾生無壽者。

須菩提。若菩薩作是言。我當莊嚴佛土。是不名菩薩。何以故。如來說莊嚴佛土者。即非莊嚴。是名莊嚴。

須菩提。若菩薩通達無我法者。如來說名真是菩薩。

須菩提。於意云何。如來有肉眼不。

如是。世尊。如來有肉眼。

須菩提。於意云何。如來有天眼不。

如是。世尊。如來有天眼。

須菩提。於意云何。如來有慧眼不。

如是。世尊。如來有慧眼。

須菩提。於意云何。如來有法眼不。
如是。世尊。如來有法眼。
須菩提。於意云何。如來有佛眼不。
如是。世尊。如來有佛眼。
須菩提。於意云何。恒河中所有沙。佛說是沙不。
如是。世尊。如來說是沙。
須菩提。於意云何。如一恒河中所有沙。有如是等恒河。是諸恒河所有沙數佛世界。如是寧為多不。
甚多。世尊。
佛告須菩提。爾所國土中所有眾生若干種心。如來悉知。何以故。如來說諸心皆為非心。是名為心。所以者何。
須菩提。過去心不可得。見在心不可得。未來心不可得。
須菩提。於意云何。若有人滿三千大千世界七寶以用布施。是人以是因緣得福多不。
如是。世尊。此人以是因緣得福甚多。
須菩提。若福德有實。如來不說得福德多。以福德無故。如來說得福德多。
須菩提。於意云何。佛可以具足色身見不。

不也。世尊。如來不應以具足色身見。何以故。如來說具足色身。即非具足色身。是名具足色身。

須菩提。於意云何。如來可以具足諸相見不。

不也。世尊。如來不應以具足諸相見。何以故。如來說諸相具足。即非具足。是名諸相具足。

須菩提。汝等勿謂如來作是念。我當有所說法。莫作是念。何以故。若人言如來有所說法。即為謗佛。不能解我所說故。須菩提。說法者無法可說。是名說法。

爾時。慧命須菩提白佛言。世尊。頗有眾生於未來世。聞說是法生信心不。

佛言。須菩提。彼非眾生。非不眾生。何以故。須菩提。眾生者。如來說非眾生。是名眾生。

須菩提白佛言。世尊。佛得阿耨多羅三藐三菩提。為無所得耶。

如是如是。須菩提。我於阿耨多羅三藐三菩提。乃至無有少法可得。是名阿耨多羅三藐三菩提。

復次。須菩提。是法平等無有高下。是名阿耨多羅三藐三菩提。以無我無人無眾生無壽者。修一切善法。則得阿耨多羅三藐三菩提。

須菩提。所言善法者。如來說非善法。是名善法。

須菩提。若三千大千世界中所有諸須彌山王。如是等七寶聚。有人持用布施。若人以此般若波羅蜜經。乃至四句偈等。受持讀誦為他人說。於前福德百分不及一。千萬億分乃至算數譬喻所不能及。

須菩提。於意云何。汝等勿謂如來作是念。我當度眾生。須菩提。莫作是念。何以故。實無有眾生如來度者。若有眾生如來度者。如來則有我人眾生壽者。

須菩提。如來說有我者。則非有我。而凡夫之人以為有我。須菩提。凡夫者。如來說則非凡夫。

須菩提。於意云何。可以三十二相觀如來不。

須菩提言。如是如是。以三十二相觀如來。

佛言。須菩提。若以三十二相觀如來者。轉輪聖王即是如來。

須菩提白佛言。世尊。如我解佛所說義。不應以三十二相觀如來。

爾時。世尊而說偈言。

若以色見我　以音聲求我　是人行邪道　不能見如來

須菩提。汝若作是念。如來不以具足相故。得阿耨多羅三藐三菩提。須菩提。莫作是念。如來不以具足相故。得阿耨多羅三藐三菩提。

須菩提。汝若作是念。發阿耨多羅三藐三菩提心者。說諸法斷滅相。莫作是念。何以故。發阿耨多羅三藐三菩提心者。於法不說斷滅相。

須菩提。若菩薩以滿恒河沙等世界七寶持用布施。若復有人知一切法無我得成於忍。此菩薩勝前菩薩所得功德。須菩提。以諸菩薩不受福德故。

須菩提白佛言。世尊。云何菩薩不受福德。

須菩提。菩薩所作福德不應貪著。是故說不受福德。

須菩提。若有人言如來若來若去。若坐若臥。是人不解我所說義。何以故。如來者。無所從來。亦無所去。故名如來。

須菩提。若善男子善女人。以三千大千世界碎為微塵。於意云何。是微塵眾寧為多不。

甚多。世尊。何以故。若是微塵眾實有者。佛則不說是微塵眾。所以者何。佛說微塵眾。則非微塵眾。是名微塵眾。

世尊。如來所說三千大千世界。則非世界。是名世界。何以故。若世界實有者。則是一合相。如來說一合相。則非一合相。是名一合相。

須菩提。一合相者。則是不可說。但凡夫之人貪著其事。

須菩提。若人言佛說我見人見眾生見壽者見。須菩提。於意云何。是人解我所說義不。

世尊。是人不解如來所説義。何以故。世尊説我見人見眾生見壽者見。即非我見人見眾生見壽者見。是名我見人見眾生見壽者見。

須菩提。發阿耨多羅三藐三菩提心者。於一切法。應如是知。如是見。如是信解。不生法相。

須菩提。所言法相者。如來説即非法相。是名法相。

須菩提。若有人以滿無量阿僧祇世界七寶持用布施。若有善男子善女人發菩薩心者。持於此經乃至四句偈等。受持讀誦為人演説。其福勝彼。云何為人演説。不取於相。如如不動。何以故。

一切有為法　如夢幻泡影　如露亦如電　應作如是觀

佛説是經已。長老須菩提及諸比丘比丘尼優婆塞優婆夷。一切世間天人阿修羅。聞佛所説。皆大歡喜。信受奉行。

金剛般若波羅蜜經

真言

那謨婆伽　跋帝　鉢羅若　鉢羅蜜多曳　唵　伊哩帝　伊失哩　弍嚧馱　毘舍耶　毘舍耶　莎婆訶

名句索引

一、《心經》

二、《金剛經》

九畫

十二畫

十三畫

十五畫

十九畫

新 視 野
中華經典文庫

新視野
中華經典文庫